Mystik

Unterscheidung

Christliche Orientierung
im religiösen Pluralismus

Herausgegeben von
Reinhart Hummel und Josef Sudbrack

Josef Sudbrack

Mystik

Selbsterfahrung – Kosmische Erfahrung –
Gotteserfahrung

Matthias-Grünewald-Verlag Mainz
Quell Verlag Stuttgart

CIP-Titelaufnahme der Deutschen Bibliothek

Sudbrack, Josef:
Mystik: Selbsterfahrung – kosm. Erfahrung – Gotteserfahrung /
Josef Sudbrack. – Mainz: Matthias-Grünewald-Verl.;
Stuttgart: Quell-Verl., 1988
 (Unterscheidung)
 ISBN 3-7867-1329-4 (Matthias-Grünewald-Verl.) kart.
 ISBN 3-7918-2271-3 (Quell-Verl.) kart.

2. Auflage 1988
© 1988 Matthias-Grünewald-Verlag, Mainz
© 1988 Quell Verlag Stuttgart
Umschlag: Peter Offenberg Grafik, unter Verwendung einer Miniatur des
Codex latinus 1942 der Biblioteca Governativa di Lucca (S. XIII)
Gesamtherstellung: Georg Aug. Walter's Druckerei GmbH,
6228 Eltville am Rhein

Christliche Orientierung im religiösen Pluralismus

Zum Anliegen der Reihe „Unterscheidung"

Wo christlicher Glaube lebt, lebt auch der Mut zum Unterscheiden. Von Paulus her (Gabe der Unterscheidung, 1 Kor 12,10) spannt sich der Bogen bis hin zur Gegenwart, zu Karl Barths „Nein" und Romano Guardinis „Unterscheidung des Christlichen". Gemeint ist stets ein Zweifaches: Unterscheiden, um deutlicher zu erkennen, besser zu verstehen und sich tiefer anzueignen; aber auch unterscheiden, um das Falsche vom Wahren abzusondern, das Gute vor dem Bösen zu schützen und das Wirkliche vom Illusionären zu unterscheiden. Stets erfuhr man dabei, daß ein wirkliches Prüfen (Röm 12,2; Eph 5,10) zum Selbstprüfen wird (Matth 6,22f; 7,3ff): Ob man Gottes Ruf in die Gegenwart hinein vernimmt oder sich ihm verschließt (Hebr 4,7ff). Und stets wußte man, daß im eigenen Mühen um Unterscheidung und Beurteilung Gottes Geist vernehmbar wird und daß das Sprechen aus der Kraft des Geistes (Joh 14,26; 16,7) niemanden vom eigenen Beurteilen dispensiert.

Die Zeit des Glaubens an die Machbarkeit aller Dinge, des blinden Vertrauens in Wissenschaft und Technik, ist vorbei. Die Zukunft des Menschengeschlechts ist dunkel geworden. Der Fortschrittsoptimismus ist umgeschlagen in Skepsis und Angst. Das ist der Boden, aus dem neue religiöse und weltanschauliche Phänomene erwachsen: Diffuse Trends, neue Bewegungen, rettende Archen. Der alte Machbarkeitsglaube sucht nach neuen Hebeln: Nach Therapien und Techniken der Bewußtseinsveränderung, nach esoterischen Erkenntnissen und okkulten Hilfen zur Lebensmeisterung. Aber auch die Sehnsucht nach Transzendenz und Geheimnis meldet sich, das Verlangen nach metaphysischer Geborgenheit und religiöser Heimat. Wem das Religiöse am Herzen liegt, der ist dankbar für diese Zeichen der Zeit und erkennt hinter der zeitbedingten religiösen Welle etwas Tieferes, daß nämlich der Mensch „unrettbar religiös" ist. Er wird diese Zeichen der Zeit ernstnehmen und damit

5

rechnen, daß Gottes Geist und Wirken auch jenseits der Grenzen des verfaßten Christentums spürbar sind.

Aber nicht alle Äußerungen der neuen religiös-weltanschaulichen Bewegtheit entstammen dieser Quelle. Es steckt in all dem auch viel Irrtum und Abwegigkeit, Götzendienst und Gefährdung des Menschlichen. Was wachsen und gute Frucht bringen will, muß sich der Beurteilung und Bewertung stellen. Der kritische Dialog mit den neuen – und oft doch altbekannten – Phänomenen dient nicht nur Christen, die bis in Theologenkreise hinein von der „neuen Unübersichtlichkeit" verwirrt sind. Er kommt auch dem zugute, was in diesen Phänomenen bedenkenswert und zukunftsträchtig ist.

Die Themen liegen auf der Hand: Aberglaube, Magie, Menschen- und Naturvergottung; sublime intellektuelle oder ästhetische Gnosis mit dem Anspruch, die Welträtsel zu entziffern und die Mystik zu entschleiern; Geisterglaube und Hexenkult; Jugendsekten und vagabundierende Religiosität; Wiederkehr archaischer Religionen samt ihren Göttinnen und Göttern; Therapieformen als Religionsersatz; Weltdeutungen, die die Wirklichkeit verfehlen, und pseudowissenschaftliche Gesamtentwürfe, die sich der Prüfung durch Erfahrung und Vernunft entziehen.

Dieser Wildwuchs fordert die christliche Gabe der Unterscheidung heraus, die am Evangelium Jesu Christi orientiert ist. Ideologie- und Religionskritik also nicht als Selbstzweck, sondern im Dienst der „Unterscheidung des Christlichen". Diesem Unterscheiden aus dem Glauben, aus der Verbundenheit mit der Tradition des Christentums, aus dem heutigen christlichen Leben und Erfahren heraus möchte sich die neue Buchreihe stellen. In handlicher Form sollen Themen aus dem oben umrissenen Bereich behandelt werden. Autoren von Kompetenz und Engagement werden angegangen.

Herausgebern, Verfassern und Verlagen ist es ein Anliegen: Daß auch der Leser ohne Fachbildung mit den Darstellungen zurecht kommt – das betrifft Sprachstil, Aufmachung und Darbietung. Daß der Leser eine begründete und sachgerechte Darstellung der angesprochenen Phänomene bekommt – das betrifft die Sachkunde des Verfassers.

Daß dem Leser Hilfen zur Unterscheidung und zur Entscheidung gegeben werden – das betrifft das engagierte Urteil der Autoren. Daß dies alles in Ehrfurcht vor fremder Religiosität geschieht und auch in der Bereitwilligkeit, zu lernen und sich selbst zu korrigieren – das betrifft die Achtung vor jedem Menschen, wie sie Jesus uns gelehrt hat.

Die beiden Herausgeber sind Mitglieder der beiden großen Kirchen; sie wissen sich in diesem Anliegen eins; sie wissen auch, daß hier eine der wichtigsten Fragen an die Kirchen von heute und morgen sich stellt: Mit den neuen religiösen und weltanschaulichen Entwürfen und Bewegungen ins Gespräch zu kommen – behutsam, verstehend, zugleich kritisch wach und christlich engagiert.

Reinhart Hummel   Josef Sudbrack S. J.

Inhalt

Vorwort

Mystik ist wieder im Gespräch. Menschen werden sich der Mitte ihres Daseins bewußt und suchen nach Sinn, Seinserfahrung, fragen nach Gott. In den Traditionen der großen oder kleinen Religionen suchen sie Gotteserfahrung; im eigenen Christentum; im Mutterland des Religiösen, auf dem indischen Subkontinent; in der chinesischen Überlieferung, wo der Buddhismus sich mit dem Tao vermählte und im japanischen Zen zur heute attraktivsten „Mystik" wurde; oder in den schamanischen Religionen. Doch mit der marktschreierischen Anpreisung von all dem – vermarkteter Buddhismus, intellektuelles Liebäugeln mit dem taoistischen Yin und Yang, Indianerspiritualität, Voodoo, schwarze und weiße Magie, afrikanische Zauberkulte – beginnt das Mißtrauen. Noch skeptischer wird man, wenn auf dieser Welle keltisch-germanische Mythen mit nazistischer Einfärbung, alt-ägyptische Sonnen- und Pyramiden-Kulte oder matriarchalische Religionen hochgespielt werden. Ist das alles Mystik?

Andere möchten die Mystik an der modernen Zivilisation festmachen: An der Psychologie C. G. Jungs und seiner Schüler: Erweiterung des seelischen Innenraums mit oder ohne Drogen; rückwärts gehend in Reinkarnations-„Erinnerungen"; vorwärts in ein „integral" genanntes Welt-Bewußtsein; nach unten in die archaischen Tiefenräume, die man früher mit dem Symbol „Gott" benannte. Man sucht Mystik in der Ökologie – und jeder spürt auch hier einen wahren Kern: Ob wir nicht unsere „mystische" Verbundenheit mit der Natur verspielten? Man findet eine Konvergenz von Atomphysik, die das harte, cartesianische Substanzdenken überwunden hat, und der mystischen Tradition aller Religionen, die Konvergenz des „New Age", des neuen Zeitalters.

Kaum ein Gebiet der heutigen Kultur gibt es, wo „Mystik" nicht im Gespräch ist: Musik, Literatur, System- und Informationstheorie, Biologie, Astrophysik, Wirtschaft, Politik und eben auch Religion, wobei man, wie Fritjof Capra, Marylin Ferguson oder der Pfarrerssohn und Jazz-Musiker Joachim-Ernst Berendt schreiben, Institution, kirchliche Gemeinschaft, festes Bekenntnis, eindeutige Riten übersteigen will. Was meint nun eigentlich Mystik? Wie geht man verantwortungsbewußt mit dem berechtigten Anliegen von heute und der großen Tradition der Menschheitsgeschichte um? Das soll Thema folgender Seiten werden. Und da liegt die erste Schwierigkeit. Die Auffassungen von „Mystik" sind von Kultur zu Kultur, von Religion zu Religion, von Person zu Person überaus verschieden. Schon William Ralph Inge hat seinem berühmten „Bampton Lectures" einen oft zitierten Anhang angefügt mit einer Fülle verschiedenster Definitionen von Mystik, darunter die schöne von J. W. Goethe: „Scholastik des Herzens, Dialektik des Fühlens"[1]. Gershom Scholem diskutiert die Verschiedenheit zu Beginn von „Die jüdische Mystik in Hauptströmungen": „Es gibt nicht Mystik an sich, sondern Mystik *von* etwas, Mystik einer bestimmten religiösen Form: Mystik des Christentums, Mystik des Islams, Mystik des Judentums und dergleichen."[2] Robert C. Zaehner[3] entfaltet die Vielfalt von „Mystiken" in der mystischen Urreligion, im Hinduismus.

Es gibt keinen allgemein akzeptierten Begriff von „Mystik". Man selbst steht von vornehrein auf einem bestimmten Standort; so auch die vermeintliche reine, objektive Wissenschaftlichkeit, die für Mystik das hält, was von den vielen Zeugnissen übrigbleibt, wenn man alles Subjektive und Engagierte abzieht.

Man darf auch letztlich nur im Bewußtsein der eigenen Überzeugung ins Gespräch mit anderen Meinungen eintreten. Nur so werden Begegnungen ernstgenommen und Korrekturen an der eigenen Meinung legitim. Katumi Takizawa[4], vom Zenphilosophen Kitaro Nishida zu Karl Barth geschickt, kritisiert das schnelle

---

[1] Christian Mysticism, London 1899, 338.
[2] G. Scholem, Die jüdische Mystik in Hauptströmungen, Frankfurt 1980,6.
[3] R. G. Zaehner, Mystik, Harmonie und Dissonanz, Die östlichen und westlichen Religionen, Olten 1980.
[4] K. Takizawa, Das Heil im Heute, Texte einer japanischen Theologie, Göttingen 1987,38 f.

Übereinstimmen: „Die wahren Buddhisten bei uns zum Beispiel denken weder bloß ‚logisch‘, noch ‚mystisch‘, noch ‚pantheistisch‘ im Sinn der Christen, genauso, wie diese in ihrer echten Gestalt sich ihren Gott nicht bloß ‚deistisch‘, noch ‚personalistisch‘ im Sinne der Buddhisten vorstellen." Die intellektuelle Verantwortung bleibt und wird mit der Eigenüberzeugung noch gewichtiger. Nur mit historischer Redlichkeit darf man den Zeugnissen begegnen und nur in verantworteter Ehrfurcht sie befragen. Erst das Stehen in der eigenen Überzeugung und die lernbereite Redlichkeit zusammen ermöglichen den Dialog mit anderen Traditionen der Mystik.

In diesem Band habe ich versucht, möglichst viele Zeugnisse sprechen zu lassen; um das Lesen nicht zu erschweren, habe ich Auslassungen und Verkürzungen nur dann eigens ausgezeichnet, wenn es zum Verständnis notwendig war. Die Anmerkungen sind so knapp wie möglich gehalten; weitere Auskünfte finden sich in den speziellen Lexika, vor allem im *Dictionnaire de Spiritualité*. Für den Vollzug der Gotteserfahrung möchte ich auf meine anderen Veröffentlichungen, zum heutigen Gespräch mit der „Neuen Religiosität" auf mein gleichnamiges Buch hinweisen.

Mit der Erstellung eines Sachregisters, das nicht nur Worte und Begriffe, sondern auch Ideen und Entwicklungen nachgeht, schreibt man ein Buch gewissermaßen zum zweiten Mal. Der Leser möge also im Sachregister nicht nur eine Nachschlagehilfe, sondern ebenso einen erneuten Zugang zur Fragestellung des Buches und zu den darin entwickelten Antworten und weiteren Wegen suchen.

München, März 1988   Josef Sudbrack S. J.

I. Sprechen über Mystik

Unser Zugang zum Gebiet der Mystik kann also nur die christliche Tradition sein. Doch augenblicklich geschieht auch im Christentum das, was Scholem[1] für die jüdische Mystik beklagt: Jüdische Gelehrte „als die zuständigen Wärter (haben) ihr Feld vernachlässig(t)"; und so sind „alle möglichen Phantasten und Scharlatane erschienen und (haben) es für sich beschlagnahmt". Mystik ist zur wohlfeilen Ware geworden.

1. Kann man Mystik definieren?

Bei dieser Frage ist äußerste Behutsamkeit erforderlich. Deshalb sollen vier Verstehens-Ansätze zum Phänomen führen, wobei das philosophische Verstehen, weil alles durchziehend, unbehandelt bleibt.

a) *Der psychologische Ansatz.* Mystik ist in der Spannung zweier Felder beheimatet: dem Absoluten – ob man es Sinn, Gott, Nichts, Alles, Selbst nennt oder als Irrtum entlarvt; und dessen Erfahrung – wie immer man sie umschreibt.
Einig ist man sich auch, daß es um Einheit geht; daß eine gewisse Passivität, also ein Empfangen und weniger ein aktives Leisten zugrunde liegt. Die Erfahrung selbst wird als eine besondere „geistige Intuition" beschrieben, worin die menschlichen Alltags-Fähigkeiten überschritten werden; Spitzen-Momente, „peak experiences"[2] werden als eigentliche Mystik (Hochmystik) herausgestellt. Mit Mystik verbindet sich Totalität – auf der Subjekt-Seite des Mystikers (ganzheitliche Erfahrung) und auf der Objekt-Seite (Erfahrung des Ganzen). Hier aber werden die Unterschiede der Traditionen gewichtig: Nicht-biblische Überzeugungen (Buddhis-

---

[1] Vgl. Scholem, aaO., 3
[2] So A. Maslov.

mus, Neuplatonismus) suchen das Totale über Abwertung oder gar Nichtig-Erklärung des Welthaft-Sichtbaren. Aber in einem gibt es wieder Gemeinsamkeit: im Eingeständnis, daß unmöglich ist, Mystik mit eindeutigen Worten zu umreißen.

Psychologische Untersuchungen über „Mystik" beschreiben andere allgemein-„mystische" Eigenschaften: Weite, Unendlichkeit, Sicherheit, Wesenseinsicht, Synthese, Zeitlosigkeit, Ruhe, Identität, Erfüllung usw. Doch damit läuft man Gefahr, die eine, psychologische Seite aus dem Gesamtphänomen herauszulösen und als „Das Mystische" zu deklarieren. Mystische Phänomene wie „Dunkle Nacht des Geistes" (bei Johannes vom Kreuz) oder „Leidensmystik" (bei Franz von Assisi) passen nicht in diese Schemata. Auch das Moment des „Glaubens", das keineswegs nur in der christlichen Mystik eine unüberholbare Bedeutung hat, wird mit solchen Bestimmungen kaum gesehen oder gar negiert. Sobald die psychologische Betrachtungsweise absolut wird, löst sie den Reichtum des Phänomens auf und widerspricht dem Selbstzeugnis der Mystiker vom Überstieg über das Psychische.

b) Der historisch-soziologische Ansatz. Am (ur-)geschichtlichen Anfang der religiösen Erfahrung steht eine Ergriffenheit, aus der niemand herausfiel. Alle waren so stark vom „Religiösen" ergriffen, daß man sagen müßte: Alle waren Mystiker. Gabriele Weiss[3] schildert die religiöse Erfahrung der „Elementarreligionen": „Der Primitive glaubt nicht, er sieht vielmehr. Diese innere Optik lenkt das gesamte Leben primitiver Stämme, vornehmlich aber religiöse Erscheinungen bis in die kleinsten Vorstellungen hinein." Der ganze Stamm, das ganze Volk war einbezogen in tiefe religiöse Erfahrung. Die Schamanen-Gestalten ragten nicht als „Mystiker" heraus, sondern hatten die Rolle der Vermittlung, des Brückenschlags in die andere Welt oder des Prophetischen aus dieser anderen Welt.
Es genügt ein Blick in Urkunden der Offenbarungsreligionen, um

---

[3] Vgl. G. Weiss, Elementarreligionen, Eine Einführung in die Religionsentheologie, Wien 1987, 88 f.

dort das gleiche festzustellen: Im Anfang teilten alle die religiöse Erfahrung, die man „mystisch" nennen darf.

Dann aber erlosch das anfängliche Feuer, immer weniger griffen den „mystischen" Impuls auf; die „normalen" Anhänger der Religion lebten zwar im „Gebäude" der religiösen Gemeinschaft, aber immer weniger aus dem Quell der religiösen Erfahrung. Mystik wurde elitär. Das ist die Situation von heute, darin liegt die Aufgabe. Mit Karl Rahners berühmt gewordenen Wort vom „Frommen von morgen", der „ein Mystiker sein" wird, „einer, der etwas erfahren hat, oder er wird nicht mehr sein", ist Zukunft beschrieben. Der gemeinsame religiöse Boden trägt nicht mehr. Die behütenden Mauern der angestammten Religion zerfallen. Jetzt muß der Einzelne sich seine „Erfahrung" selbst erobern, muß wieder (!) „Mystiker" werden.

Religiöse Erfahrung und Ritus können – wie im Gefolge Emile Durkheims argumentiert wird – die Einheit eines Clans, eines Stammes, eines Volkes, einer Gemeinschaft ausmachen. Auch die christlichen Gemeinden (und die Gemeinschaft des Christentums als ganze) brauchen Erfahrungen, in denen sich ihre Gemeinsamkeit konkretisiert und sammelt. Doch damit ist wiederum nur eine Facette der Mystik aufgezeigt, nicht aber ihre Mitte.

c) Der ästhetisch-symbolische Ansatz. Ein Zug, der die Mystik aller Traditionen verbindet, wird oft vernachlässigt: das Ästhetische. Es bricht bei allen Zeugnissen durch. In der Visionsmystik Hildegards von Bingen wie in der Sprachgewalt Meister Eckharts. Die sufitische Mystik ist ein einziges Gedicht. Den Geist des Zen findet man in den Haikus des Dichtermönches Basho. Und ist nicht auch die Sprache Jesu hoch poetisch?

Wieviele Dichter berühren das „Mystische"! Novalis, Rainer Maria Rilke, die englischen Transzendentalisten wie Walt Whitman oder die französischen Symbolisten wie Paul Valéry. Der französische Mystikforscher Henri Bremond[4] zitiert zur Frage Léonce de Grandmaison, „daß die poetische Aktivität eine natürliche und profane Skizze der mystischen Aktivität sei"; und erläutert, daß der

[4] H. Bremond, Mystik und Poesie, Freiburg 1929, 213–217.

Poet allerdings ein „verunglückter Mystiker" sei, weil er die erfahrene Wirklichkeit wieder loslasse und in „objektive" Poesie übertrage, um sie dem Leser weiterzugeben; der „Mystiker (aber hat) als einziges Ziel vor Augen, sich des göttlichen Geschenkes zu bemächtigen": „die Vereinigung" mit Gott, die „Umgestaltung" durch seine Gnade.

Mit genaueren Unterscheidungen und Abgrenzungen haben sich Paul Claudel, Jacques Maritain, Vladimir Lossky, Thomas Merton beschäftigt: Das „Symbolische" ermöglichst einen „quasi"-natürlichen Zugang zur Mystik: Wirklichkeiten, Bilder, Ideen öffnen sich in der Erfahrung zu mehr, als ihre naturwissenschaftliche Realität besagt. Die archetypische Welt der Psychologie C. G Jungs, auf den sich fast alle heutigen „mystischen" Tendenzen berufen, steht hier. Nach ihm impliziert z. B. der Archetyp Baum einen sinntragenden, „mystischen" Lebensentwurf für den Menschen; das „Selbst" als Archetyp des „Göttlichen" entspricht dem Seelenfunken der Deutschen Mystik. Große Zeugnisse der christlichen Mystik wären anzuführen.

Das Symbol hat ähnlich wie die Allegorie einen Verweis-Charakter. Aber anders als bei der Allegorie verweist es nicht auf etwas, was daneben steht, sondern auf etwas, das – prozeßhaft die Erfahrung vertiefend oder sie übersteigend – aus dem Symbol selbst quillt. Das mystische „Gott in allen Dingen finden" kann so verstanden werden: eine „Erfahrung" des Göttlichen, die im „Bildhaften" (Mechthild), im „Sein" (Eckhart) der „Dinge" liegt, aber zugleich mehr ist.

„Symbol"-Erfahrung findet sich im Ästhetischen ebenso wie im Religiösen. Die christliche Tradition lebte aus dem Vertrauen, daß Gottes tragende Kraft alles durchzieht, also überall als „symbolischer" Sinn der „Wirklichkeit" auch zu „erfahren" ist. Die gemeinsamen „Symbole" der großen Religionen, wozu auch das Grund-Symbol des „Selbst" gehört, stellen einen guten, wenn nicht sogar den wichtigsten Ausgangspunkt zum Religionsgespräch dar. Gerhold Becker baut deshalb seine Religionsphänomenologie auf den großen religiösen Symbolen auf.[5]

[5] G. Becker, Die Ursymbole der Religionen, Graz 1987.

d) Der religiöse Ansatz. Alle große Mystik ist auf dem Boden einer Religion gewachsen; das meint Bekenntnis, Überzeugung, Weltanschauung. Man möchte allerdings das „mystische" Phänomen von der zugrundeliegenden Religion lösen und als Super-Religion über alle anderen legen. Aber selbst eine Religion wie der Neo-Hinduismus, der die Gleichwertigkeit aller konkreten Religionen verkündet, ist überzeugt von der eigenen Super-Erfahrung, in der alles andere integriert sei. Sie ist die „Ewige Religion", „da alle Aspekte der Wahrheit durch Jahrhunderte hindurch darin aufgenommen wurden"[6].

Christlich werden solche Ideen Frithjof Schuons, Sri Aurobindos, Radhakrishnas folgendermaßen aufgenommen: „Die Existenz dieses Bereichs der Anwesenheit absoluten Seins in unserem Wesensgrund bezeugen einhellig die Erleuchteten aller Religionen und Zeiten. Mögen ihre Ausdrucksweisen verschieden sein, die Bilder kulturell geprägt, wie die ‚Seelenburg' der Teresa, der ‚Seelenfunke' Eckharts, der ‚Grund' Taulers, die ‚Buddhanatur' der *Buddhisten,* um nur einige zu nennen, so weisen sie dennoch alle in die gleiche Richtung des Phänomens."[7]

Das Anliegen ist zu begrüßen. Das II. Vatikanische Konzil hat es aufgegriffen. Die Gefahr aber liegt in der Gleichmacherei. Man bleibt bei Oberflächen-Ähnlichkeiten stehen, Unterschiede werden übersehen und das Entscheidende unterschlagen: Jede Religion ist von ihrer absoluten Sinnhaftigkeit überzeugt. Mit Gleichmacherei werden beide Dialogpartner gleichsam kastriert, das Beste, die eigene Überzeugung, wird ihnen ausgeredet. Das wahre Gespräch der mystischen Traditionen löscht die Unterschiede nicht aus, sondern hört aufeinander in ehrlicher, selbst-bewußter und selbstkritischer Ehrfurcht.

Man kann eine fremde „mystische" Äußerung nur auf dem Boden der der eigenen Überzeugung verstehen. Je bewußter sie (in Leben, Gebet, Meditation) gelebt wird, desto fruchtbarer kann auch der Dialog mit der anderen mystischen Tradition sein.

[6] Lexikon der östlichen Weisheitslehre, Bern 1986, 135.
[7] W. Massa, Kontemplative Meditation, Mainz 1975, 7.

e) Unser Vorgehen wird aus dem bisher Dargestellten deutlich:
1. Bewußtbleiben der eigenen religiösen Überzeugung; davon Ausgehen, daran Messen.
2. Aber im Angesicht des Geheimnisses Gottes sich bewußt bleiben, daß tiefe Wahrheiten mit neuem Gesicht begegnen können.
3. Deshalb mit Ehrfurcht (was mehr ist als blasse und eingebildete Toleranz) in den Dialog mit anderen religiösen Überzeugungen eintreten.
4. Das Wagnis, den eigenen Glauben dabei zu verlieren, ist identisch mit dem des Glaubens an Gott. Seine Wahrheit ist so groß, daß sie mit keiner noch so fremden Religiosität in Konflikt kommen kann.
5. Durchgetragen wird dieses Wagnis durch ein lebendiges Verhältnis zu diesem Gott; das heißt Gebet und Meditation.
6. Selbstverständlich bleibt dabei der redlich und kritisch hinterfragende Umgang mit den eigenen und fremden Zeugnissen.

2. Vom Wort zur Sache

Die englische Sprache kennt nur das eine Wort „mysticism". Obgleich wir „Mystik" vom pejorativen „Mystizismus" unterscheiden können, hatte auch „Mystik" einen negativen Beigeschmack.

a) Ein neues Interesse an Mystik. Diese negative Wertung der Mystik ändert sich seit einiger Zeit. Oft aber scheint dies nur die Skepsis und den Überdruß am modernen Fortschritts- und Wissenschafts-Glauben zu spiegeln. So setzt man im Fahrwasser des frühen Ludwig Wittgensteins „Mystik" unterschiedslos überall dort ein, wo Grenzen verschwimmen, wo Wissenschaft versagt, wo Irrationales erscheint. Kaum ein kulturelles Gebiet ist ausgelassen; man spricht von mystischer Musik und Malerei, von Architektur, die das Mystische tangiert. Aber damit schadet man dem Anliegen der Mystik. Das Erfahrungsmoment, das früher (noch heute in mancher Theologie) außer acht gelassen wurde, wird damit gegen das Rationale gesetzt. Doch Gott wird in Ganzheit erfahren, mit Kopf und Herz.

b) Mystik als Lehre und als Praxis. Die Mystiker wehren sich zwar gegen zu schnelle Vereinnahmung ihrer Erfahrung in die Systematik der Theoretiker und stellen den „Lebe"-Meister gegen den „Lehr"-Meister. Doch damit wird das Denken nicht abgewiesen, sondern ein Problemfeld zur Sprache gebracht. Irene Behn[8] greift die Frage mit den Begriffen „Mystik und Mystologie", die durch „Mystagogie" verbunden sind, auf.

Worum es geht, kann die Zen-Anekdote vom Zucker zeigen, dessen Geschmack man nur „erfahren" (Mystik), nicht aber theoretisch sich aneignen (Mystologie) könne. Doch dies ist zu einfach und ungenau. Man kann sich durch Gespräch, durch Vergleichen, durch Studium, durch Theorie(!) Zugänge zur Realität des Zuckergeschmacks verschaffen; man kann den erfahrenen Geschmack diskutieren und durch neue „theoretische" Gespräche verfeinern. Bei einer fachgerechten Weinprobe lebt das Schmecken (Mystik) vom Reden (Mystagogie) über den Wein! Das Entweder-Oder zwischen Theorie und Praxis, zwischen Darüber-Reden und Erfahren ist – aus Naivität oder Polemik – falsch; beides ergänzt sich. Wieviele Studien, wieviele meditative Übungen dienen doch der Herbeiführung von „Mystik", dem guten „Geschmack" am Göttlichen. Theorie und Praxis sind enger verkettet, als das Bild vom Zuckerschlecken ahnt.

Entsprechendes gilt auch von dem, was das abgenutzte Wort Liebe meint. Vollzug und Erfahrung bleiben unersetzlich. Bloßes Reden über Liebe tötet sie. Aber dazwischen gibt es Brücken: Weisheit, Vorbild oder Mahnung; es gibt eine „Kunst der Liebe". Jeder Mensch trägt in sich Liebe (sprich: Mystik), „erfährt" sie in vielen anderen Erfahrungen, kennt im (archetypischen) Grunde schon Liebe (sprich: Mystik). Die „Lehre" will solche in uns verborgene Liebe (Mystik) wecken, greifen und vertiefen.

---

[8] I. Behn, Mystik und Mystologie, in: Spanische Mystik, Düsseldorf 1957, 8; auch H. U. v. Balthasar und A. M. Haas greifen diese Unterscheidung auf.

Irene Behns Trias gibt gute Hinweise. Er besagt: Erfahrung, poetisch-ästhetische (oder auch methodisch-übende) Darlegung und Entfaltung der Erfahrung und theoretisch-systematisierende Reflexion über die Erfahrung. Damit wird ausdifferenziert, was eine innere Einheit bleiben muß, damit „Mystik" verantwortet und „Mystologie" sachbezogen bleibt. Was schon über die Verzahnung von kritisch-verantwortetem Reflektieren und unverzichtbarer existentieller Überzeugung gesagt wurde, wiederholt sich.

c) Sprechen und Schweigen – Denken und Erfahren. Viele Mystiker leiden unter dem Zwiespalt zwischen der „unaussprechbaren" Erfahrung und dem Drang, dennoch darüber zu sprechen. Hildegard von Bingen war krank, bis sie ihre Schauungen niederschrieb. Meister Eckhart rief aus: „Wêre hie nieman gewesen, so mueste ich disem stocke gepredïet hân", so sehr drängte es ihn zum Wort. Dies läßt vermuten, daß man keine Kluft zwischen Erfahrung und Sprache aufreißen kann. Josef Quint noch meinte: "Begriffliche Sprache vermöge die religiöse Erfahrung des Eins-Seins mit dem All-Einen, die mystische Unio nicht zu fassen. Die Sprache müsse deshalb ihrem Wesen nach vor dem Undenkbaren und Unaussprechbaren des mystischen Erlebnisses versagen. Als erhabenstes Ausdrucksmittel des Mystikers habe das ‚sanctum silentium' (Heiliges Schweigen) zu gelten. Wenn der Mystiker trotzdem spreche, komme es zu einem ‚Sturmlaufen gegen den Begriff und damit gegen das Wort'." Walter Haug[9] zeigt aber: „Diese rationalistisch-instrumentale Sprachauffassug verengt das Wesen und die Funktion menschlichen Sprechens in unzulässiger Weise. Die Sprache ist nicht primär Instrument gegenüber einer nichtsprachlichen Erfahrung, sondern die Sprache ist selbst Medium der Erfahrung und als solche funktional in den Ich-Welt-Bezug eingebunden." Haug bezieht sich auf Meister Eckhart: „Für das menschliche Verstehen und Antworten ist die Welt, insofern sie Sein hat, Präsenz Gottes", und nicht Abwesenheit des Göttlichen. In ihr erfuhr er und konnte

---

[9] W. Haug, Zur Grundlegung einer Theorie des mystischen Sprechens, in: Abendländische Mystik im Mittelalter, Stuttgart 1986, 494–508.

mit der Sprache, die aus der Welt stammt, seine Erfahrung zum Ausdruck bringen.

„Die mystische Sprache ist also nicht instrumentell-phänomenologisch (für eine davon getrennte Erfahrung), sondern allein von ihrer Position und Funktion im Rahmen mystischer Gotteserfahrung aus sinnvoll zu analysieren und darzustellen. Dabei ist davon auszugehen, daß der christliche Mystiker sein Sprechen als ein Antworten auf ein immer schon vorausliegendes Sprechen Gottes versteht. Das Sprechen Gottes – und damit unterscheidet es sich vom menschlichen Sprechen – setzt, indem es mitteilt, zugleich Wirklichkeit: Gott schafft, in dem er spricht." Und diese Wirklichkeit ist die Welt mit ihren Dingen, ist der Mensch mit seinem Sprechen.

Mystische Erfahrung geschieht im Inneren des Schöpfungszusammenhangs, von dem die Sprache Kunde gibt. Gerade Meister Eckhart ist, wie Haug zeigt, ein Zeuge dafür. Die Sprache weitet sich und wird bis zur letzten Tiefe ausgelotet, um das Geheimnis der Begegnung mit Gott zu „worten" (Eckhart).

Man muß erspüren, wie der Mystiker die Sprachgestalten weitet und öffnet zum Geheimnis Gottes. Die Grundstruktur von „Symbol" und „Symbolisiertem", von „Mystagogie" und „Mystik" zeigt sich wiederum. Gottesbegegnung geschieht innerhalb von Sprache und Kultur und ist zugleich mehr als sie. Entsprechendes lehrt die Sprachanalyse über das religiöse Sprechen: Gott ist erfahrbar und mehr als erfahrbar. (J. T. Ramsey)

Gerade Erfahrungen, die sich losgelöst von intellektuellen Systemen und sprachlichen Vorgaben dünken, erweisen sich bei näherem Hinsehen als durch-und-durch abhängig. Der Mensch ist ein ganzer und erfährt als ganzer mit Kopf und Herz.

d) Mystik – eingebettet in Sprache und Kultur. Man kann Kulturen, Weltanschauungen, „Erfahrungen" nicht losgelöst vom Sprach- und Kultur-Hintergrund vergleichen. Schlechte Übersetzer übertragen Wort-für-Wort, Satz-für-Satz aus einer in die andere Sprache, aus einem in den anderen Kulturkreis, aus einer in die andere Weltanschauung. Aber ist „Mystik" nach westlichem Verständnis wirklich dasselbe wie „Satori" oder „Samadhi" in Ostasien?

Sprach-Strukturen drücken Denk-Strukturen aus; Denk-Strukturen beruhen auf Erfahrungs-Strukturen; Erfahrungs-Strukturen sind eingebettet in geschichtliche und soziale Zusammenhänge. Alles steht in wechselseitiger Abhängigkeit. Man kann nichts isolieren. Mystiker treffen sich zwar im Allgemein-Menschlichen. Aber den allgemeinen Menschen gibt es nicht und nur mit unendlicher Behutsamkeit dürfen Brücken zwischen verschiedenen Sprachen, Denkweisen und Kulturen geschlagen und noch behutsamer begangen werden.

e) Die vergleichenden Sprachwissenschaften. Peter Hartmann[10] (1923–1984) hat in einer brillanten Studie den japanischen Sprachgebrauch mit unserem indogermanischen Denken verglichen. Er zeigt: „Der japanische Satz (ist) ein Gefüge von Attributen, die auf das Prädikat hin dergestalt angeordnet sind, daß dies, indem es auf sie bezogen wird, näher bestimmt wird." Das Subjekt wird also nicht vom Prädikat eindeutig festgelegt; sondern „alle Satzaussagen sind in sich autark und können nur in einem genitivisch-possessiven Verhältnis zu einem Subjekt stehen. Sprachen dieser Art können als ‚referierende Sprachen' bezeichnet und zusammengefaßt werden, während das Indogermanische als eine ‚interpretierende Sprache' zu vermerken wäre." Im Japanischen wird beschrieben und nicht konstatiert, werden eher Stimmungen evoziert, statt Tatsachen zu berichten. Man spricht heute von einer agglutinierenden Sprache. Ein japanisches Gedicht lautet wörtlich: „Beim Anblick der Berge / des Sehens Seltsamkeit" – Ein emotionales Substantiv: „Seltsamkeit", trägt alle anderen Satz-Bestimmungen wie Eigenschaften, wie Farbgebung. In Subjekt-Objekt-Sprache lautet das Gedicht: „Wenn man die Berge betrachtet, ist es ein seltsamer Anblick" – aus der schwebenden Stimmung wird eine eindeutige, zugreifende Aussage.

Das deutsche: „Ich sehe Kirschblüten" wird japanisch: „Mein Kirschenblüten Sehen"; ein Bild, die Beschreibung einer Erfahrung, aber keine Tatsachenfixierung. Die japanischen Ausdrücke

---

[10] P. Hartmann, Einige Grundzüge des japanischen Sprechbaues, gezeigt an den Ausdrücken für das Sehen, Heidelberg 1952, 79, 87, 39, 91, 115, 117, 120.

für das Sehen „sind Bezeichnungen für Vorgänge, nicht für gerichtete Tätigkeiten. Der Mensch wird so in den für sein Leben entscheidenden Kontakten mit der Umwelt nicht als ein selbständiges Wesen gesehen, das von sich aus von der Welt Besitz ergreift, sondern als ein von Vorgängen ‚affiziertes Objekt'. Die in der Welt sich abspielenden Vorgänge erscheinen in der japanischen Weltsicht als die tragenden Elemente alles Geschehens." Die europäische Trennung von diesem und jenem, besonders von „mir" und dem anderen wird im Japanischen zwar nicht negiert, sondern als Beziehungsnetz beschrieben, in dem harte Ja-Nein-Aussagen stören.

Hartmann streift auch die weltanschaulichen Konsequenzen. Mit D. T. Suzuki stellt er fest: „Logik ist der charakteristischste Wesensausdruck westlichen Denkens. Der Osten ist in seinen Denkmethoden synthetisch. Das gleiche ist gültig für die Ethik. Ein ethischer Mensch ist sich seiner Taten jederzeit bewußt. Zen verabscheut dergleichen."

Das ist nicht irrational, sondern eine Sicht, in der harte Grenzziehungen sich auflösen. „Der für Japan so charakteristische Zen-Buddhimus hat sich zum Ziel genommen, (eben) die(se) Einheit von Subjekt und Objekt zu verwirklichen, indem der Mensch durch stete Übung lernt, sie zu erleben." Diese Einheit meint kein Ausradieren der Grenzen, sondern ist eine Erfahrungsweise, die sich eher poetisch erleben, als logisch oder meditativ ergreifen läßt. Eine mystische Erfahrung hat in der japanischen Kultur-Vorgegebenheit eine andere Gestalt als in Europa.

Louis Massignon[11] hat ähnliches für für die islamische Kultur gezeigt, als er im Wort des Sufi-Mystikers Al-Halladsch: „Mein Ich ist die schöpferische Wahrheit", ein Liebesbekenntnis aus islamisch monotheistischem Glauben entdeckte.

Mystische Erfahrung – mag sie sich noch so absolut und weltenthoben geben – ist bis in die Wurzeln hinein geprägt von der kulturellen und religiösen Voraussetzung des Mystikers. Nur wer dies realisiert, darf den verantworteten Vergleich der verschiedenen Erfahrungen versuchen.

[11] L. Massignon, La Passion de Husayn Ibn Mansur Hallaj I–IV, Paris, 1975.

Auch für die eigene mystische Tradition gilt Entsprechendes. Meister Eckharts Erfahrung ist eingebunden in sein neuplatonisches Denken und sein seelsorgliches Bemühen um die Spiritualität der Nonnen. Wer Hildegard verstehen möchte, muß sich zuerst um ihre Bilder bemühen.

f) Mystik als persönlicher Vollzug. Der Literaturwissenschaftler und Schriftsteller Joachim Seyppel hat den Begriff „Mystik" aufgrund von „germanistischen" Zeugnissen untersucht, „Mystik als Grenzphänomenen und Existential"[12]. Grenze besagt, daß Eindeutigkeit und logische Bestimmbarkeit überschritten werden; der Mystiker benutzt Tautologien, Paradoxa, Bilder, Analogien, spricht in Verweisen und Überschreitungen und schweigt „vielsagend". Mystik ist ein Existential: Je tiefer man in die Zeugnisse und ihre Erfahrung eindringt, desto mehr wird man auf die eigene Existenz zurückgeworfen: „Bei Mystik entfällt das Objekt, wenn wir es auftrennen. Formalanalyse ist dann nicht nur gegen die Absicht, sondern gegen das Sein von Mystik als Schrifttum gerichtet. Der Untersuchende wird selbst zum Teil des Untersuchten. Als Teil des Untersuchten muß er sich selbst mit in die Untersuchung einbeziehen, will er des Objekts nicht verlustig gehen: Glaubst du, daß Christus als Allegorie verstanden werden darf, oder glaubst du, daß er realistisch verstanden werden muß? Je nach der Antwort verändert sich für den Antwortenden das untersuchte und befragte Objekt. Wo Forschung auf Bekenntnis beruht, hat der Forscher eigentlich sein Recht verloren. ‚Reine' Forschung wird unmöglich."

Positiv gewendet: Du mußt dich, dein Bekenntnis, deinen Glauben, deine Weltanschauung mithineinnehmen, wenn du der Mystik in ihrer Tiefe begegnen willst. Der rein-objektive Standpunkt existiert nur für Oberflächenfragen. Einsichten in das Wesen des Menschlichen gelingen nur mit Empathie; wenn man mitschwingt und mitlebt; im Mit- und Ein-Fühlen.

[12] J. Seyppel, Mystik als Grenzphänomen und Existenzial, in: Das Mysterium und die Mystik, Beiträge zu einer Theologie der christlichen Gotteserfahrung, herausgegeben und eingeleitet von J. Sudbrack, Würzburg, 1974, 111–153.

So brauchen auch die Psychoanalytiker eine Lehr-Analyse. Nur über die Erfahrungen deines eigenen Inneren kannst und darfst du das Innere eines anderen Menschen betreten. Die christliche Sicht umschrieb Pierre Rousselot mit seinem berühmten Buchtitel: „Les yeux de la foi" – Die Augen des Glaubens. Der Glaube schenkt einen neuen, tieferen Zugang zur Wirklichkeit, eine Sicht, die dem Nicht-Glaubenden, wenigstens in ihrer eigentlichen Mitte, verborgen bleibt. Die Liebe hat Augen, das Herz hat Gründe (B. Pascal), die dem nicht-Liebenden verschlossen bleiben.

Es ist also geboten, sich der Mystik auf dem Boden der eigenen Glaubens-Überzeugung und mit der Inbrunst eines Menschen, der Gotteserfahrung sucht, zu nähern. Wo es in verantworteter Form geschieht, ist es wissenschaftlich berechtigt. Nur dort – nicht schon vorher – wird das Gespräch zwischen verschiedenen Sichten und Überlieferungen fruchtbar und existentiell. Dabei kommt es darauf an, daß man sich in Ehrfurcht (nicht nur Toleranz) der fremden Erfahrung öffnet.

g) Nochmals zur Methode. 1. Wir werden uns also dem Phänomen in einer Art Spiral-Bewegung nähern und dabei wissen, daß sie kein endgültiges Ende findet; Gott bleibt Geheimnis.

2. In der Bewegung werden vorgefaßte Meinungen korrigiert. Der Prozeß muß zur steten Verfeinerung führen und existentiell bedeutsam bleiben. Die christlichen Mystiker wissen, daß ihre Gotteserfahrung keinen fixen Endpunkt hat. Gregor von Nyssa beschreibt es: „Das nie-erlahmende Gehen auf Ihn hin ist die Schau seines Antlitzes."

3. Dabei machen wir keinen Hehl aus unserer Überzeugung vom personalen Charakter des Herzens aller Mystik. Ohne dies würden wir die Mitte verfehlen. Daß dies nicht zur dogmatistischen Verhärtung führt, muß sich zeigen an der Offenheit des Dialogisierens.

II. Vom Mysterium zur Mystik

Ein Blick in die christliche Mystik soll das Auge für die Zeugnisse schärfen.

1. Sachlicher Umgang mit den mystischen Zeugnissen

Bei existentiellen Zeugnissen kann der betroffene Leser gar nicht anders, als auch das eigene Anliegen mit-„hineinlesen". So etwa klang es auch in der berühmten Büchner-Preisrede von Paul Celan. Aber gerade deshalb steht die Mühe um die Ur-Aussage des Zeugnisses im Vordergrund. Je leuchtender dessen ur-gemeinte Farbgebung ist, desto wichtiger wird es. Je sachgerechter dessen Verständnis, desto bereichernder. Eine Klippe bei der Rezeption fremder Zeugnisse ist die Psychologisierung (und Soziologisierung). Dem, was objektiv gemeint ist, legt man ohne weiteres subjektive Eigenerfahrung unter. Man fragt nicht erst: Wer oder was ist Gott, sondern sofort: Welchen Einfluß hat die Gottesidee auf dies oder jenes. Was Gott in sich besagt (= Wahrheit), wird unwichtig gegenüber dem Auswirken der Gott-Idee. Augenblicklich entdeckt man die psychologische Nützlichkeit der Gottesvorstellung (im Archetyp des Selbst, worin der Mensch sich sammelt), und immer mehr deren soziologisch-ökologische Bedeutung. So schreibt der Harvard-Professor für Theologie, Gordon D. Kaufmann[1]: „Gott sollte nicht länger verstanden werden als ein Individuum, das über allen anderen steht und ihr Gegensatz ist, sondern vielmehr als Symbol, in dem jene Kräfte und Dimensionen des ökologisch und historisch rückgekoppelten Netzwerkes vereint werden, die alles Leben schaffen und erhalten und sein Vorwärtskommen fördern." Ähnliches, nur konkreter, schrieb schon Ernst Bloch: Gott als Name für die Hoffnungskraft des Menschen.

[1] G. D. Kaufmann, Theologie für das Nuklearzeitalter, München 1987, 88.

So wichtig solche Einsichten sind, die Reduzierung der Gottes-Idee auf Psychologie und Soziologie wird dem Gottesglauben der Vergangenheit nicht gerecht, noch weniger der Zuversicht, die die Menschen aus der Gotteserfahrung, aus der Mystik schöpften. Der objektive Umgang mit ihren Zeugnissen verlangt vor allem, sich in ihre Mentalität hineinzuspüren. Nur so offenbaren die Zeugnisse ihre Kraft.

2. Die Geschichte eines Wortes

Am Wort „Mystik" ist abzulesen, wie behutsam und sachkundig man vorangehen muß. Undiskutiert wird Mystik heute definiert als: „Aufgehen des Menschen in Gott oder im Göttlichen, ja vielleicht in etwas, das noch hinter Gott liegt, einem ‚Leeren' oder ‚Nichtseienden'"[2]; oder noch subjektiver „vom griechischen ‚myein' – (als) Augen, Ohren schließen, nach innerer seelischer Erfahrung suchen, die durch äußere Sinneserfahrung nicht gewonnen werden kann"[3].

Aber so verkennt man nicht nur die geschichtliche Herkunft, sondern verfehlt auch den Reichtum des „Mystischen".

a) Schauen auf das Geheimnis. Louis Bouyer hat schon 1949 gezeigt, daß „das Wort Mystik" aus der christlichen Welt stammt.[4] Im hellenistischen Umfeld war auch das Adjektiv „mystikos" fast unbekannt und stand „nicht (für) irgendeine geheim zu haltende religiöse Erfahrung, sondern (für den) Ritus in seiner äußeren Gestalt"[5]. Plotin braucht es nur einmal wie nebenbei; erst seine Schüler greifen es im Gespräch mit dem Christentum auf.

„Im christlichen Sprachgebrauch meint mystikos (= verborgen) etwas, das sich auf das Geheimnis der Liebe Gottes zu uns, die in

---

[2] Wörterbuch der Religionen, Kröners Taschenbuchausgabe 125, ³1976.
[3] Ökumene-Lexikon, Frankfurt ²1987, Artikel Mystik, evang.
[4] L. Bouyer, „Mystik" – Zur Geschichte eines Wortes, in Grundfragen christlicher Mystik, Stuttgart 1987, 57–73.
[5] A. Louf, in: A Dictionary of Christian Spirituality, London 1983, Art. Mysticism.

Christus erschienen ist, bezieht und es für uns zugängig macht."[6] Der Blick trifft nicht die Erfahrung des Menschen, sondern das „Objektive", Gottes Offenbarung in Jesus Christus. „Mystisch" im urgemeinten Sinn entdeckt die Liebe Gottes.

b) Entfaltung des Geheimnisses. Dies fand der meditierende Christ vor allem in der Hl. Schrift. Origenes faßt zusammen: „Das Alte Testament führt hin zum Neuen und dieses ist zentriert in der Gestalt Christi. Sein Werk fließt weiter in der Gabe des Geistes an die Gläubigen; denn es ist der gleiche Geist, der in Christus all das begründet hat."

„Mystisch" meint zuerst Jesus selbst als Sichtbarkeit und Mysterium des Heilswirkens Gottes, sammelt in sich den Sinn beider Testamente und ist weiterhin lebendig in der Kirche.

Dort lebt das „Mystische", das Geheimnis Jesu vor allem in Schrift (noch Luther weiß, Lesen der Schrift bedeutet, in ihr Christus suchen) und Sakrament. Insbesondere Eucharistie ist „mystische Speise", „mystisches Gastmahl" und die Taufe „mystische Wiedergeburt im Namen des Vaters und des Sohnes und des Heiligen Geistes."

c) Eintauchen in das Geheimnis. Erst über diesen Ursinn wird „mystisch" zum Beiwort für die Kontemplation der göttlichen Geheimnisse. Auch Kontemplation meint im Wortsinn: Schauen (der Mysterien Gottes) und nicht „Einlassen in den Grund, unter Ausblendung aller Wahrnehmungen" (Willi Massa). In diesem Schauen kann alles eingeschlossen sein; denn die Mitte ist die sakramentale, „mystische" Einigung des Geschaffenen mit Gott im Gott-Menschen Jesus Christus: „Und das Wort ist Fleisch geworden", das Göttliche wurde kosmisch: Gotteserfahrung im Buch der Offenbarung und im „Buch seiner Schöpfung" – wie es Bonaventura nannte.

Gregor von Nyssa, nach Karl Rahner der Vater der christlichen Mystik, beginnt seinen Kommentar zum Hohenlied: „Vernehmt

---

[6] L. Bouyer, Mysterion, Du mystère à la mystique, Paris 1986, 77, 195, 227f, 231, 230, 234.

das Geheimnis des Gesangs der Gesänge. Es ist die mystische Kontemplation." Er schildert die Begegnung des Christen mit Gott: „Die Seele, in der Liebe zu Christus verwundet, verlangt brennend nach der mystischen Vereinigung mit ihm. Der vollkommene Bräutigam (Christus) empfängt die vollkommene Seele, die zur vollkommenen Braut geworden ist, in der heißen und mystischen Brautnacht. Und so ist es mit jedem, dem Christus, der himmlische Bräutigam, verliehen hat, seine Braut in mystisch und göttlicher Gemeinsamkeit zu sein."

Es geht um Einheit mit Gott; aber eine Einheit, die an der Liebesvereinigung und nicht an der Verschmelzung abgelesen ist; denn es ist Begegnung mit Jesus. Und dies bleibt der Sinn des Wortes „mystisch" über mehr als ein Jahrtausend.

3. Die mystische Theologie des Areopagiten

Für die christliche und auch nicht-christliche Mystik wurde ein nicht identifizierter (syrischer Mönch?) Schriftsteller des 6. Jahrhunderts, Dionysios, genannt der Areopagite, von größter Wichtigkeit. Die Reserviertheit der evangelischen Kirche gegenüber „Mystik" gilt vor allem ihm. Auf ihn beruft sich auch das Schwärmen von Mystik als Verschmelzung mit Gott. Doch damit isoliert man einen Bruchteil (weniger als 6 Prozent) von der uns überlieferten großartigen Synthese des Gesamtwerks, die nun – in ihrer Ganzheit betrachtet – tatsächlich Basis für ein zwischen-religiöses Gespräch über Mystik sein könnte.

Dionysios weiß sich fraglos in der Tradition der Kirche stehend. Sein Werk ist bis heute mit den Schriften der beiden Spanier, Teresa und Johannes, der Klassiker christlicher kirchlicher Mystik.

a) *Hierarchie der Wirklichkeit.* Sein Buch „Die himmlische Hierarchie' beginnt mit Jak 1,17[7]: ,Jede gute Gabe und jedes Vollkom-

---

[7] M. de Gandillac, Pseudo-Dionysios, in: Große Mystiker, Leben und Wirken, von G. Ruhbach, J. Sudbrack, München 1984, 79; die Übersetzung aus der Theologia mystica wurde von J. Sudbrack für den Fortsetzungsband angefertigt.

mene Geschenk kommt von oben, vom Vater der Lichter', und entwickelt von daher den Grundbegriff der Hierarchie." In „Die kirchliche Hierarchie" legt er diese Ordnung in das Diesseits hinein aus. Möglich ist dies im Bild vom „göttlichen Licht", das alle Stufen der Hierarchie „erleuchtet". Auf jeder Stufe kann der Kontemplative das göttliche Licht „erkennen". Die Sakramente weihen ihn in diese Hierarchien ein. Das dritte Buch „Von den göttlichen Namen" gibt den theologisch-hermeneutischen Schlüssel zum Weg zu Gott. Die vom „Licht" geschenkte, strebende Liebe (= Eros; unterschieden von der freundschaftlichen = Agape) zieht den Menschen hinan zum Vater aller Lichter, der im ewigen Geheimnis wohnt.

Man hat dieser Weltschau hellenistische Verfälschung des Christentums vorgeworfen, daß „mit der Mystik im katholischen Christentum eine bibelfremde Spiritualität eingebrochen sei". Richtig daran ist, daß Dionysios neuplatonische Begriffe und Denkformen zur Darstellung seines Systems benutzt. Doch für den Areopagiten ist Jesus Christus Angelpunkt der Synthese. Die neuplatonische Abwertung des Materiellen ist damit überwunden. Einswerden mit dem Letzten heißt nicht mehr: sein – von der Materie bedingtes – Eigensein für die Verschmelzung mit dem „Einen" aufgeben, sondern der Fleisch- und Geschichte-gewordenen Liebe Gottes begegnen. „Dort, wo Plotin vom Einen in der Form des Neutrums spricht, gebraucht Dionysios die maskuline Form: der Eine."
Aus dem „strebenden" (Eros) wird die „Freundes-Liebe" (Agape). Der Mensch steht im innergöttlichen Gespräch.

b) Die Dunkelheit des göttlichen Geheimnisses. Auf diesem erfahrungsgesättigten Hintergrund muß die Rolle des Büchleins über „Die mystische Theologie", mit dem Dionysios zum maßgebenden Theologen der Mystik wurde, gewürdigt werden.
Dionysios gibt seinem umfangreichen Werk den alles entscheidenden Akzent: Gottes Sein bleibt ein Geheimnis, das man weder durch Wissen noch durch Erfahrung einholen kann. Man kann nur, wie Mose auf dem Berge Sinai, in die dunkle Wolke des Geheimnisses eintreten. Die vorangegangene reiche Erfahrungswelt der viel-

fältigen Vermittlungen öffnet sich nur dann auf Gott hin, wenn das bleibende Geheimnis Gottes nicht aufgelöst wird („Negative Spiritualität"). So „besingt" Dionysius unter dem Symbol des Mose den Aufstieg des Menschen zur Gottesmystik:

Denn nicht ohne Grund ist es,
daß dem göttlichen Mose zunächst befohlen wird,
sich zu reinigen
und dann von den Nicht-Gereinigten sich abzusondern,
und daß er nach der Ganzreinigung
die vielstimmigen Trompeten hört und die vielen Lichter sieht,
die reine und vielfältige Strahlen aussenden,
daß er dann, von den vielen abgesondert wird
und hinaneilt auf die Höhe der göttlichen Aufstiege,
und daß er auch dort nicht Gott begegnet,
ihn auch nicht sieht, – denn er ist unanschaubar –
sondern nur den Ort, wo er ist.
Das aber bedeutet – meine ich –,
daß das Göttlichste und Höchste
unter dem Anschaubaren und Denkbaren
nur andeutende Wortzusammenstellung für das ist,
was immer noch unter dem steht,
der alles übersteigt.

In den Schlußzeilen der „Mystischen Theologie" übersteigt sich Dionysios mit nicht endenwollenden Wiederholungen von dem, was Gott nicht ist:

Wir sagen also,
daß der Grund und Ursprung von allem, der über allem ist,
weder seinslos ist,
noch ohne Leben, noch vernunftlos, noch geistlos.
Weiter emporsteigend sagen wird,
daß er weder Vorstellung, noch Meinung,
noch Sagen, noch Denken hat;
weder Wort ist, noch Gedanke;
weder Gleichheit, noch Ungleichheit;

weder Ähnlichkeit, noch Unähnlichkeit.
Weder ist er Licht, noch lebt er, noch ist er Leben,
weder ist er Sein, noch Ewigkeit, noch Zeit.

Mystik vermählt sich mit Poesie; nur noch poetisch läßt sich über das stammeln, wozu keine Worte mehr ausreichen. Dionysios bringt ins Wort, was es heißt, Gottes Geheimnis zu begegnen. In der heutigen Mystik-Diskussion löst man oft seine poetischen Negationen vom breiten, hierarchischen Unterbau ab. Damit verkennt man die schöpferische Synthese des Dionysios, man trennt den Reichtum der vermittelnden Erfahrung vom Geheimnis des je--größeren Gottes. Man nimmt die Spitze ohne das tragende Fundament der Erfahrung, des christlichen Lebens.

4. Mystik ohne Mysterium

Bis ins späte Mittelalter hinein lebte die christliche Mystik aus der „Negativen Spiritualität" des Dionysios, der Synthese von subjektiver Erfahrung und objektivem Geheimnis. Aus dem Reichtum des Objektiven lebte auch die Fülle des Subjektiven, die Mannigfaltigkeit der Erfahrung.

a) Vielfalt der Zeugnisse. Wie wenig doch lassen sich die monumentalen Schauungen Hildegards von Bingen mit der intellektuellen Mystik Meister Eckharts vergleichen; wie verschieden ist der mystische Weg Franz von Assisis von der Genialität der Hohelied-Kommentierung des Bernhard von Clairvaux; was haben das tiefe Erlebnis und die Einsamkeit des Niklaus von Flüe mit der zwar ähnlichen und doch so ganz anderen Einsamkeit der Frommen der Devotio Moderna zu tun? Ist die machtvolle Liebesmystik Mechthilds von Magdeburg oder Hadewijchs von Anvers, die in sich schon recht unterschiedlich sind, mit den Erlebnissen vergleichbar, die in Nonnen-Viten erzählt werden, wo Schwester „Adelheid", oder wie sie auch hieß, das Jesuskind schaukelt oder gar mit ihrer eigenen Milch nährt, und wo eine andere in dunkler Nacht von Dämonen geplagt wurde? Wenn auch vieles zu klären ist – stets geht es um Mystik!

In christlicher Tradition erhält Mystik ihre Einheit nicht durch eine bestimmte Form des Erlebens: ekstatisch, identisch, einend, sich--auflösend u. ä., sondern von dem, den der Mystiker erlebt, vom lebendigen Gott, der überall dort (auch im Durchstehen der Dämonenkämpfe) sichtbar, erfahrbar wird.

Gott in seinem Geheimnis ist so unendlich reich, daß jeder Mensch sich und seine Individualität in der Begegnung mit ihm finden darf. Deshalb ist auch die Mystik des wahren Gottes so vielfältig, wie die Menschen verschieden sind.

b) *Übergang zur Neuzeit.* Mit dem „Herbst des Mittelalters" beginnt der Reichtum des Mystischen zu welken. Der Gewinn dieses Epochenumbruchs ist die Würde des Menschen in seiner Individualität. Das aber brachte Verluste an Geborgenheit und Zu-Hause-Sein im größeren Ganzen mit sich.

Der Reformator Martin Luther am Beginn der Epochenschwelle fragt nach dem großen M: „Quid ad Me?" Was bedeutet dies für Mich, für meine Existenz? Diese Frage ist das Grundanliegen Luthers. Ähnlich klingt es bei Ignatius von Loyola, der großen Figur der sogenannten Gegenreformation. Auf dem Erfahrungsweg seiner Exerzitien sollen die „Geheimnisse des Lebens Jesu" für den einzelnen Meditierenden fruchtbar werden: „Das erbitten, was *ich* will. Hier wird dies sein:…"; „und danach auf sich zurückbesinnen, um Nutzen aus ihren Worten zu ziehen."

Auf allen Ebenen von Kultur und Zivilisation gibt es in dieser Zeit eine Entwicklung vom Übergreifenden, Allgemeinen weg und hin zum Individuellen, zum Persönlichen, zum Eigenwert des Einzel-Menschen: Humanismus und Renaissance; demokratische Ansätze; Kunst, die das Persönlich-Charakteristische darstellt; die nominalistisch-empirische Haltung, die Erfahrbar-Individuelles allgemeinen Aussagen vorzieht.

Auch in der Spiritualität und in der Mystik lernen die Menschen, ihr persönliches Innenleben zu beobachten und zu beschreiben. Am Anfang der neuen Epoche stehen die beiden spanischen Mystiker Teresa und Johannes. Sie schildern den Weg ins eigene Innere, den Weg zum Geheimnis zwischen Gott und Mensch, psychologisch so feinfühlig und zugleich so christlich legitim, daß ihre mystische Lehre maßgebend für die kommenden Zeiten wurde.

Sie bewahrten zwar den Reichtum des Objektiven, verschoben aber – maßgebend für die Geschichte der christlichen Mystik – den Akzent auf den Innen-Pol der Erfahrung. Bis dahin lag er auf allen Ebenen, auch bei Darstellung der Mystik, eher auf der Objekt-Seite dessen, was erfahren wird, auf dem Mysterium. Mit der Besinnung auf die Subjektivität wird auch das „Wie" der Erfahrung wichtiger. Die „Mystik" erhält größeres Eigengewicht gegenüber dem Mysterium.

c) *Isolierung der mystischen Erfahrung.* Mit dem Fragen: Was geht das Mich an?, setzt auch das Hinterfragen von allem und jedem an und damit die Auflösung der alten Geborgenheit. Michel de Certeau hat dies an der Wortgeschichte von „mystisch" aufgewiesen.[8]

Im 17. Jahrhundert, im „goldenen Zeitalter" der französischen Mystik wandte man sich in einer Gegenbewegung gegen den rationalistischen und empiristischen Zeitgeist der Mystik zu. Aber damit trat das Subjektive noch stärker in den Brennpunkt: „In der ersten Hälfte des 17. Jahrhundertes zeigt sich eine ‚spiritualistische' Tendenz, die dem Adjektiv ‚mystisch' eine neue Wertung verlieh, die wie ansteckend um sich griff. Das Wort uferte aus. Es entfaltete sich weiter in neue Bildungen: Der Mystiker, die Mystik. Die Sprachentwicklung zeigt ein Sachproblem an."

Jetzt erst entstanden aus dem Adjektiv „mystisch" die Substantive: Die Mystik, der Mystiker. Das alte Wort: „Kontemplation", „Kontemplativer" oder „Spiritueller-Geistlicher" meinte: „kontemplativ"-schauend aus der Kraft des „Gottesgeistes-Spiritus" im Kosmos göttlicher Wahrheit stehen. „Mystisch" betonte dabei, daß dies alles vom Geheimnis durchzogen und dem Zugriff menschlichen Verstehens und menschlicher Verfügbarkeit entzogen ist. Diese Negativität des Adjektivs verlieh aber nun den neuentstandenen Substantiva „Mystiker" und „Mystik" die Aura des „Geheim-

---

[8] M. de Certeau, „Mystique" au XVIIe siècle; le problème du langage „mystique", in: L'homme devant Dieu II, Paris 1964, 267–292; daraus folgende Zitate.

nisträchtigen", wobei der Bezugspunkt, das Mysterium Gottes in Wort und Sakrament, ausfiel. Aus dem „Kontemplativen", der Gottes Geheimnis „betrachtet", wird der „Mystiker", der selbst die Aura des Außergewöhnlichen und Geheimnisvollen mit sich trägt. Die „Kontemplation" Gottes, also das Sich-Vertiefen in Gottes geheimnisvolle Wirklichkeit, wird zur „Mystik", einer Geheim-Erfahrung oder -Wissenschaft für nur wenige.

Damit entstand ein neues Wissensgebiet: Das der „Mystik", die Beschäftigung mit dem Außergewöhnlichen, mit den mystischen Vorgängen und Erfahrungen: „Die unbekannte Sprache aus der Wissenschaft des Heiligen." Probleme, die sich früher nicht stellten, weil sie eingeborgen waren im Mysterium, im Kosmos der christlichen Weisheit, werden zu dringenden Fragen: „Als Erfahrung oder Erfahrungswissen wird die ‚mystische Theologie' oftmals der ‚scholastischen Theologie' entgegengesetzt." „Mystik" als Bereich des Geheimnisvollen wird von der Theologie abgesondert, und die theologische Wahrheit bekommt konsequenterweise ein kühles rationales Gesicht.

Auch „das Adjektiv (mystisch) entfernt sich langsam vom ‚Theologischen'. ‚Mystisch' selbst ist dem ‚Gewöhnlichen' entgegengesetzt und bekommt den Geschmack des ‚Außergewöhnlichen'." Im Schrifttum läßt sich diese Entwicklung leicht aufweisen: „Im Maße wie ‚Mystik' als Wort sich von dem Wort ‚Theologie' trennt, tendiert es dahin, zu einer eigenen literarischen Form zu werden."

Gegen das Pochen auf Rationalität und die pejorative Herabsetzung von „Mystik" setzten die anderen auf „Erfahrung" und deuteten sie immer stärker „psychologisch" aus: Katholischerseits entsteht z. B. der „Quietismus", evangelischerseits lautet ein Stichwort: „Pietismus"; die Polarität von Ablehnung und Übersteigerung des „Mystischen" trägt sich bis heute durch.

Im katholischen Raum meinte man zwar die Synthese gefunden zu haben und deklarierte „Mystik" als praktische Wissenschaft. Das heißt: Es gehe in ihr nicht um Wahrheiten und Einsichten, sondern um Anwendung und Verwirklichung von Einsichten, die anderswoher stammen. Doch dies ist eine Verarmung: Die Erfahrung wird leer an Wahrheit und die Wahrheit trocknet aus. Nur in der

Spannung von „Mystik-und-Mysterium" bleibt die Fülle des Christentums erhalten.

d) *Atheistische und psychologistische Mystik.* Wie wenig dieser Aspekt beachtet und reflektiert ist, zeigt ein Blick in die Lexika. Im *Grimm'schen Wörterbuch der Deutschen Sprache* findet man nur drei läppische Zitate zum Stichwort „Mystisch"; *Trübners Deutsches Wörterbuch* hat gar nichts; aber selbst das christlich-katholisch inspirierte *Handbuch philosophischer Grundbegriffe* von 1973 schweigt sich – auch im Sachindex – über Mystik aus. Dagegen hat Fritz Mauthner aus seiner pantheistisch-romantischen Sicht in seinem *Wörterbuch der Philosophie* von 1910 zwanzig nicht unsympathische Spalten über Mystik. Erst H. U. Lessing gibt im Darmstädter *Historischen Wörterbuch der Philosophie* von 1984 einige gute, aber bei weitem nicht ausschöpfende Einblicke in diese Zusammenhänge.

So möchte ich den Endpunkt der Entwicklung, in der sich das Wort und die Sache der Mystik vom Mysterium gelöst hat, in drei charakteristischen Meinungen aufzeigen.

– *Philosophisch.* Neben abwertenden Äußerungen bei Immanuel Kant: „salto mortale von Begriffen zum Undenkbaren", „vernunfttötend" oder Karl Marx: „nebulös", „unklar" entsteht im 19. Jahrhundert mit der Entdeckung der mittelalterlichen Mystik und des Buddhismus auch eine philosophische Linie der Hochschätzung von Mystik, die aber nun völlig des Mysteriums Gottes entkleidet ist. Arthur Schopenhauer[9] mag für andere stehen. Nach ihm meinen die Mystiker, zwar unklar und religiös verbrämt, das gleiche wie auch er: „Buddha, Eckhard und ich lehren im Wesentlichen das Selbe, Eckhard in den Fesseln seiner christlichen Mythologie. Im Buddhaismus liegen die selben Gedanken, unverkümmert durch solche Mythologie, daher einfach und klar, soweit eine Religion klar sein kann. Bei mir ist die volle Klarheit. Der Mystiker geht aus von seiner innern individuellen Erfahrung, in welcher er

[9] Nach A. Schmidt, Die Wahrheit im Gewande der Lüge, Schopenhauers Religionsphilosophie, München 1986, 17f, 171.

sich erkennt als Centrum der Welt und das ewige alleinige Wesen. Allein mittheilbar ist hievon nichts, als eben Behauptungen, die man aufs Wort glauben soll: Überzeugen kann er nicht: Ich dagegen gehe aus von der bloßen Erscheinung, die allen gemeinsam ist, der Reflexion, über welche sich also vollkommen mittheilen läßt; und da nur von solchen Erfahrungen die Rede ist, die allen gemein sind, so ist Überzeugung möglich. Religion (ist) die allegorisch und mythisch ausgesprochene, und dadurch der Menschheit im Großen zugänglich und verdaulich gemachte Wahrheit," die ihre Aufgipfelung in den Erfahrungen der Mystiker findet. Religion ist „Volksmetaphysik"; Mystik erfährt ihren Kern: „Wahrheit im Gewand der Lüge".

Schopenhauer nennt die Grundvoraussetzung seiner Philosophie: „Die Welt als Wille und Vorstellung" (Titel seines Hauptwerk). Die Blindheit dieses Willens wird dadurch geheilt, daß man sich vom Welthaften mittels Askese und besonders durch die Annahme des eigenen Todes freimacht. So nur gelangt man zu seiner eigenen Wesensbestimmung. Dies sei auch Anliegen der Mystik Meister Eckharts und besonders des buddhistischen Strebens zum Nirvana, zum Freisein von den trügerischen Vorstellungen der Welt.

– *Psychologisch*. Der von der Jung'schen Psychologie geprägte Arzt Willy Obrist spricht sich wegen der Klarheit und Radikalität beispielhaft für eine psychologisierende Interpretation von Mystik[10] aus: „Durch die Entdeckung des Unbewußten (kam) ein Welt- und Selbstverständnis zustande, das – nach der areligiösen positivistischen Übergangsphase – die gesuchte Form von Religiosität ermöglicht." Was „Mystiker und Lehrer der Spiritualität" immer schon ahnten, hat die Psychologie mit der Entdeckung des Unbewußten endlich gefunden: Die Vorstellungen von Gott und seinem Wirken haben Realität nur in der menschlichen Psyche, sind nur eine „Sprachfigur des Unbewußten". Mystik ist nur ein Vorgang in der eigenen Bewußtseinstiefe, der Vorgang des Einswerdens und Sich-Findens. Wir sollen „an die Stelle von ‚Gott' den Aus-

---

[10] W. Obrist, Die Mutation des Bewußtseins, Vom archaischen zum heutigen Selbst- und Weltverständnis, Frankfurt 1980, 167, 264, 225, 232, 236, 237.

druck ‚Selbst' setzen und an die Stelle von ‚Mensch' beziehungs-
weise ‚Seele' den Ausdruck ‚Ich'". Dann entpuppen sich die
Erfahrungen, die im religiösen Vollzug Glaube oder Mystik heißen,
als nichts anderes „als Bezogensein des Ich auf das ‚Selbst'".
Viele, denen heute die Worte Mystik, Seinserfahrung, Bewußtseinserweiterung usw. leicht und schnell über die Lippen kommen,
teilen diese Thesen von Obrist oder stehen ihnen nahe.

– *Esoterisch*. Johannes Zeisel denkt ähnlich wie Obrist, erhebt die
Erfahrungen aber – das ist das Eigentümliche der Esoterik – aus der
Psychologie in die höchste ontologische Realität. Das meint, daß
die psychisch gedeutete Mystik nicht nur eine subjektive Erfahrung
des Menschen der objektiven Welt ist, sondern der letzte Grund
aller Wirklichkeit.
In einem Buch mit dem verräterischen Titel: „Entschleierte
Mystik"[11], beschreibt Zeisel Mystik als Weg des Menschen zu
seinem Eigentlichen; und dies ist das Eins-sein mit dem Absoluten:
totales Leerwerden des Bewußtseins, um im „Total-Bewußtsein"
aufzugehen, wo alles eins ist, weil nur noch Leere besteht. Und dies
ist für ihn die wahre Tiefenrealität. „Gott und Mensch sind in ihrer
Transzendenz eins. Alles Erschaffene und Kreatürliche steht außerhalb. Unsterblichkeit und endgültige Erlösung sind verbunden mit
dem Übergang des individuellen Ichs in das unvorstellbare Absolute." Dorthin führt die mystische Methode des Leer-Werdens:
„So lange der Mensch etwas will – und sei es selbst die Einheit mit
dem Göttlichen – solange ist er nicht göttlich. Er darf nicht wissen
noch erkennen, daß Gott in seiner Seele wohnt – dann hat er die
Trennung von ihm überwunden. In der Unio mystica ist das
Bewußtsein des Ichs völlig verschwunden. Im Numinosen hat es
keine Daseinsberechtigung, weil es der Außenwelt angehört."
„Die Seele darf also nichts mehr besitzen, worauf sie ruhe. ‚Als
Nichts zu Nichts gehen' (M. Eckhart) – diese Formulierung mag
dem Gläubigen bestürzend erscheinen. Im Nichts herrschen weder
Liebe noch Leid, weder Erkenntnis noch geistig-immaterielle

---

[11] J. Zeisel, Entschleierte Mystik, Freiburg 1984, 164, 173 f, 204, 211.

Welten, weder übersinnliche Geisteswelten noch jene Vollkommenheit, die er durch geistige Entwicklung zu erhalten hofft." Der von Zeisel als kausal, also erzwingbar beschriebene Vorgang – „Die Vertiefung mystischer Versunkenheit ist ein kausales Geschehen" – ist zu Ende; die Dimension des Ich ist überschritten: „Wenn die Berührung mit dem Numinosen immer intensiver wird und das Zentralerlebnis der Unio mystica naht, kann das beobachtende Ich nicht mehr teilhaben, weil seine Dimensionalität dies unmöglich macht." „Die Illusion unseres Ichs und seiner Werte" ist vollständig „enthüllt". Es gibt keine Aussage mehr, weil kein getrenntes Subjekt mehr existiert; es gibt keine Kausalität mehr, weil alles ins Endgültige, Bewegungslose überstiegen ist.

Zeisels Zitieren mißachtet die Ergebnisse heutiger Forschung, löst in neuscholastischer Weise „dicta probantia", beweiskräftige Wörter, für die eigene Meinung aus dem Zusammenhang und stellt sie in ein anderes, esoterisches Licht. Seine „Methode" ist problematischer als die vorher berührten seriöseren Ansätze Schopenhauers und Obrists. Aber in der Tendenz, der Auflösung der mystischen Begegnung mit dem Mysterium in eine alles verschlingende Einheit, liegen sie auf einer Linie.

e) Eine neue Mystik? Mystik ist wieder im Gespräch. Das hat wohl zwei Ursachen.

Einmal das Unsicherwerden im eigenen Inneren: Wer bist du eigentlich? Der Mensch ist „unzerstörbar religiös" (N. Berdjajew); er sucht nach Bestand, nach Sinn, nach „Ewigkeit", wie Friedrich Nietzsche dichtete. Früher einmal gaben ihm dies Kirche und Religion. Eine zeitlang meinten viele, Wissenschaft werde das religiöse Bedürfnis befriedigen und Religion überflüssig machen. Das hat sich als falsch erwiesen. Und so sucht man „Religion" mit ihrem Erfahrungsgipfel der Mystik in allen möglichen Ecken: in Psychologie, in westlich vermarkteter östlicher Weisheit, in esoterischen Praktiken, in meditativem Training, in gruppendynamischen Übungen.

Die andere Ursache liegt außen: Die abendländische Fortschrittsidee hat sich selbst ad absurdum geführt. Der Mensch, der alles in den Griff bekommen wollte, hat den plötzlichen (Atombombe) oder langsamen (Naturstreben) Tod programmiert. Er steht vor den Trümmern seines Bestrebens, rational und technisch die Wirklichkeit zu meistern.

Und so flüchtet er in die Irrationalität. Das Buch des Frankfurter Professors für neuere deutsche Literatur, Hans Dieter Zimmermann, „Rationalität und Mystik"[12] setzt mit Robert Musil Mystik einfach gleich irrational: „Die Offenbarungen, die der Mystiker mitteilt, lehnt Musil ab – genauso wie jede andere theologische Offenbarung oder philosophische Metaphysik. Daß aber eine dem rationalen Erkennen entgegengesetzte mystische Erkenntnis vorhanden sei, die über die Grenze des rational Sagbaren hinausgehe, das ist seine Überzeugung. Dieser ‚zweite', ‚ungewöhnliche Zustand' sei, meint er, ‚ursprünglicher als die Religionen'. ‚Rückgriff auf die Mystik' heißt also nicht ohne weiteres Rückgriff auf die Religion. "

Zimmermann kann mit einem solchen Oberbegriff Texte von Plotin, Dionysos (eine bezeichnende Falschschreibung des Dionysios des Areopagiten), Meister Eckhart und dem Buch Sohar bis Kandinsky, Wittgenstein, Bloch und Heisenberg usw. zusammenwerfen. Damit fällt er seiner Simplifikation zum Opfer, die typisch ist für das rational-technische Denken: Phänomene werden ihrer Individualität beraubt und auf einen gemeinsamen abstrakten Oberbegriff gebracht. Mit ihm kann man – wie mit einem Taschenrechner – bequem umgehen. Der Oberbegriff lautet: Mystik beginnt dort, wo die Rationalität aufhört. Mit solchen Methoden des Absehens von der Fülle der Wirklichkeit hat die Atomphysik ihre Erfolge erreicht – und dies ist legitim, solange man sich der Methodenbeschränkung bewußt bleibt. Um aber mit etwas Ganzheitlich-Lebendigem, Geistigem wie der Mystik umzugehen, ist dies falsch und verfälschend – besonders, wenn es, wie bei Zimmermann, ohne Methodenbewußtsein geschieht.

Inhaltlich passiert weiterhin das, was Susanne Heine[13] beschreibt. Als engagierte feministische Theologin prangert sie an, daß das

[12] H. D. Zimmermann, Rationalität und Mystik, Frankfurt 1981.
[13] S. Heine, Wiederbelebung der Göttinnen?, Göttingen 1987, 15.

„weibliche", emotionale Element im Christentum zu kurz komme
– in der Sprachgebung unseres Anliegens: daß das „mystische"
Element in der Religion mißachtet werde. Aber der Gegenschlag
von feministischer Seite, Rationalität als typisch männlich zu
verteufeln, ist ebenso falsch: „Wer gegen die Herzlosigkeit der
Köpfe antritt, darf es nicht mit kopflosem Herzen tun." Eine
Mystik-Deutung, die auf Rationalität und Reflexion verzichtet,
wird zum „kopflosen Herz".

Heine deckt auch die Gefahren des „kopflosen Herzens", der „mit
Irrationalität gleichgesetzten Mystik" auf: „Ohne systematische
Reflexion gerät man leicht auch in vermeidbare Aporien, in simple
Widersprüche, die eine dafür unempfindliche feministische Theologie in gefährliche Allianzen mit Ideologien verschiedenster Spiel-
art führt: mit Antisemitismus, mit dem Libertinismus der sogenannten sexuellen Revolution, mit dem Antiintellektualismus kon-
servativer Gesellschaftssysteme und mit der Fixierung auf das
reduzierte Theorieverständnis naturwissenschaftlicher Prägung."
Entsprechendes wird in der „neuen Mystik" sichtbar. „Mystik",
die sich vom „Mysterium" trennt, wird zur Karikatur ihrer großen
Tradition.

III. Zeugnisse

Mystik lebt von der eigenen Betroffenheit und vom Zeugnis. Daß die hier vorgestellten Zeugnisse aus dem eigenen christlichen Raum stammen, muß nicht nochmals gerechtfertigt werden. Zwei, das Freundespaar Teresa und Johannes, wurden – obgleich anfangs umstritten – zu orthodoxen Klassikern. Sätze Eckharts wurden als häretisch verurteilt, Hildegards prophetische Bilder gelten vielen als „nicht-mystisch". Aber wichtiger als solche, von außen kommende Beurteilungen ist die Unterschiedlichkeit der Erfahrungen in ihrer klaren Einheit. Die Auswahl wird vom Bestreben geleitet, mit typischen Erfahrungen die Weite des Feldes wahrer Mystik sichtbar zu machen.

1. Hildegard von Bingen – Visionäre Mystik[1]

Hildegard von Bingen ist eine der größten Gestalten der deutschen Mystik und auch der deutschen Theologie. Lange Zeit war sie vergessen und verkannt. Ihre Schau-Mystik galt den Entdeckern mittelalterlicher Mystik im 19. Jahrhundert als mindere, wenn nicht gar krankhafte Form. Karl Bertau hat diese These in freudianisch-marxistischer Version einer Sexualhysterie Hildegards von Bingen wieder aufgegriffen[2], muß aber seiner These zuliebe vor dem gesunden, klugen und entschiedenen Wirken der großen Frau die Augen schließen. Heutige Esoterik, die in ihre naturkundlichen Werke moderne Astrologie und Magie hineindeutet und eine mirakulöse Hildegard-Medizin konstruiert, greift die alte Verkürzung Gebenos von Eberbach (1220) auf. Doch schon Friedrich Heiler, der Verfechter des doppelten Strangs von Religiosität, des

---

[1] Vgl. A. Führkötter / J. Sudbrack in: Große Mystiker, a a O., 122–141; Chr. Meier in: Die Dt. Literatur des MA, Verfasserlexikon III, 1981.
[2] K. Bertau, Deutsche Literatur im europäischen Mittelalter I, München 1972, 345–351.

prophetischen und des mystischen, erkannte, daß Hildegard (wie andere „Prophetinnen": Birgitta von Schweden, Katharina von Siena) Mystikerin im vollen religiösen Sinn des Wortes genannt werden muß. Leider übersieht die Bild- und Emotions-losigkeit der modernen Theologie Hildegard fast völlig.

a) Leben. Ihre Geburt – 1098 in Rheinhessen – fällt in eine Zeit, da das Bild-Denken der Antike noch lebendig war. Sie lebte als Benediktinerin, gründete 1151 ein Nonnenkloster bei Bingen und später auf der andern Rheinseite ein Tochterkloster. Ihr Ruf hat sich in der Korrespondenz mit Päpsten und Kaisern niedergeschlagen. Auf vier großen Reisen (Bamberg, Lothringen, Köln, Schwaben) mahnt sie in großen Predigten Klerus und Volk. Ihre Biographie offenbart Wärme und Mut als Mitmensch und als Oberin. Ihre zeitüberragende Bedeutung wird in ihren medizinisch-naturwissenschaftlichen, musikalischen und besonders theologisch-visionären Werken offenkundig. Am 17. Sept. 1179 starb sie.

b) Visionäre Mystik. In einem Brief an ihren späteren Sekretär beschreibt sie ihre Mystik: „Von meiner Kindheit an erfreue ich mich der Gabe dieser Schau in meiner Seele bis zur gegenwärtigen Stunde, wo ich doch schon mehr als siebzig Jahre alt bin. Und meine Seele steigt – wie Gott will – in dieser Schau empor bis in die Höhe des Firmaments. Ich sehe aber diese Dinge nicht mit den äußeren Augen und höre sie nicht mit den äußeren Ohren, auch nehme ich sie nicht mit den Gedanken meines Herzens wahr noch durch irgendeine Vermittlung meiner fünf Sinne. Ich sehe sie vielmehr einzig in meiner Seele, mit offenen leiblichen Augen, so daß ich dabei niemals die Bewußtlosigkeit einer Ekstase erleide, sondern wachend schaue ich dies bei Tag und bei Nacht. Das Licht, das ich schaue, ist nicht an den Raum gebunden. Es ist viel, viel lichter als eine Wolke, die die Sonne in sich trägt. Und wie Sonne, Mond und Sterne in Wassern sich spiegeln, so leuchten mir Schriften, Reden, Kräfte und gewisse Werke der Menschen in ihm auf. In diesem Licht sehe ich zuweilen, aber nicht oft, ein anderes Licht, das mir das ‚Lebendige Licht' genannt wird. Wann und wie ich es schaue, kann ich nicht sagen. Aber solange ich es sehe, wird alle Traurigkeit und alle Angst von mir genommen, so daß ich mich wie ein einfaches junges Mädchen fühle und nicht wie eine alte Frau."

Hildegard litt unter ihren Schauungen, bis ein kluger Abt ihr riet, „das kundzutun, was Gott ihr eingebe. Sobald sie mit dem Schreiben begann, kehrten ihre früheren Körperkräfte zurück, und sie erhob sich wieder von ihrem Lager." Dieses Begebnis zeigt die psychosomatische Ganzheit und ihr Ergriffensein vom Erleben. Sie betont, daß ihre Erfahrung weder ekstatische Verzückungen sind, die weg von der Wirklichkeit heben, noch Visionen beinhaltet, die die leiblichen Sinne affizieren. Hildegard lebte unmittelbar in der Schöpfungswirklichkeit, wie ihre erstaunlichen naturwissenschaftlichen und medizinischen Kenntnisse und ihre hohe musikalische Begabung zeigen. All das aber wird für sie zum Medium, sich dem göttlichen Licht zu öffnen. Von ihm empfängt sie die Kraft, Welt- und Heilsgeschichte zu erschauen. Die theologisch wie psychologisch exakte Unterscheidung des zweifachen Lichts, des „überraum-zeitlichen" und des „lebendigen", stellt ihr Schauen in die Glaubenswirklichkeit: „Das, was ich schaue, kann ich nicht vollkommen wissen, solange ich in der Dienstbarkeit des Leibes und der unsichtbaren Seele bin." Sie erfährt, daß die Bilder ihrer Schauungen den Pilgerstand des Glaubes nicht aufheben, sondern stärken.

c) *Schau aus dem Ganzen.* Hildegards Mystik hat zwei Phasen: Eine Beschreibung (Vision) und „eine anschließende allegorische Erklärung dieser Schau durch die göttliche Stimme" (Audition). Eine naive esoterische Deutung versucht dies fundamentalistisch als unmittelbares Diktat von Gott oder (nach Steiner) als Ablesen an der Wirklichkeit zu deuten. Das würde aus Hildegard eine kirchenlose Schwärmerin machen, wogegen Leben und Taten sprechen. Sie wandte sich an Bernhard von Clairvaux, um aus theologisch-spiritueller Kompetenz ein Urteil über ihre Erfahrung zu erhalten. Papst Eugen III. gab ihr 1148 auf der Trierer Synode die ausdrückliche kirchenamtliche Anerkennung. Ihre Schauungen enthalten gerade nicht dasjenige, was Rudolf Steiner in seiner Akasha-Chronik zu lesen vermeint; keine lineare Beschreibung der Zukunft, keine „Vorausschauen" im Sinne der Präkognition, sondern Mahnung, Belehrung aus dem Glaubenslicht über Heils-Geschichte und -Bestimmung des Menschen: „Ganz in der Höhe der umschatteten Säule (der Mensch Jesus Christus) sah ich noch eine andere, überaus schöne Gestalt. Und die Gestalt rief mit lauter Stimme: Ich bin die Gnade Gottes, meine Kindlein. Darum hört mich und versteht mich. Denn das Licht der Seele gebe ich denen, die meine Worte fassen; lauft und eilt auf dem Wege der Wahrheit, die das Licht der Welt ist: Jesus Christus, der Sohn Gottes, der euch in seinem Blut erlöst hat."

Zum Verständnis muß man drei Faktoren in eins sehen, ohne krampfhaft deren Gewicht einzeln bestimmen zu wollen:

Einmal ist es die Person der Heiligen; ihre natürliche Begabung, Wahrheiten, Naturgesetzlichkeiten, menschliche Tiefen zu erspüren und künstlerisch wiederzugeben.

Dazu kommen die Einflüsse von Bildung, Studium und Gesprächen, die wir heute nur schwer rekonstruieren können.

Zuletzt und alles durchziehend ist das mystische Licht von Gott maßgebend. Es macht den Glauben nicht überflüssig, verleiht ihm aber die Greifbarkeit und Unmittelbarkeit, die Hildegards Schriften auszeichnen.

d) Offenheit zur Welt. Hildegard beweist, daß Mystik die Welt nicht abwertet, weder in Flucht – wie manche christliche Mönchstradition (und wie die „hysterische" Deutung voraussetzt) –, noch als Seinsminderung des Welthaften, wie in fast allen östlichen meditativen Religionen.

Daher wird diese Mystik „prophetisch". Hildegard wurde doch von ihrer Krankheit befreit, als sie ihre Schauungen niederschrieb und weitergab. Der Drang vom Schweigen zur Mitteilung und in den Weltbezug findet sich bei vielen christlichen Mystikern und bezeugt die Weltbejahung der Mystik.

Das zeigt auch der Inhalt ihrer Mystik, die sich konkret an das Verhalten von Mensch und Menschheit wendet. Das zeigt aber auch die Art ihrer Mystik, die man „klassisch": „Mystik der geistlichen Sinne" nennen kann: Hildegard erfährt nicht in leerer Abstraktheit, sondern in sinnenhafter Dichte – wobei sie betont, daß es nicht die leiblichen Sinne sind, die ihr die Erfahrung schenken. Damit meint sie in christlicher Tradition die „geistlichen Sinne".

2. Meister Eckhart – intellektuelle Mystik

Kein Mystiker wird im heutigen Gespräch so oft genannt und als Kronzeuge für eigene Spekulationen herangezogen wie Meister Eckhart. Marilyn Ferguson sieht in ihm den Vorläufer des „New Age", der „Sanften Verschwörung"[3]. Aber gerade an seiner Person und Lehre läßt sich die Leichtfertigkeit bloßlegen, mit der man dem Phänomen „Mystik" begegnet und es verkennt.

a) Leben. Um 1260 wurde er in Thüringen geboren. Seine Ausbildung geschah in der ganzheitlichen Denkrichtung der Albertus-Magnus-Schule. In der Ordensgemeinschaft der Dominikaner machte er eine große Karriere: Mehrmals höherer Ordensoberer, zweimal Professor in Paris (für einen Nicht-Franzosen eine einmalige Auszeichnung); der Name Meister übersetzt den Professorentitel: Magister. Als Seelsorger und Prediger in den Frauenklöstern von Straßburg und Köln hatte er die Aufgabe, den mystischen Erfahrungen der Nonnen theologische Begründung und Korrektur zu geben.
1236 leitet der Erzbischof von Köln ein Inquisitionsverfahren gegen ihn ein – aus Ordensrivalität, aber auch wegen der Nähe seiner Theologie zu häretischen Meinungen. In einer souveränen Verteidigungsrede brandmarkt Eckhart die Dummheit seiner Gegner. Beim Verfahren appelliert er an den Papst, reist zu ihm, verteidigt sich auch und stirbt wohl Anfang 1328. Am 27. 3. 1329 erscheint die Bulle „In agro dominico" mit der Verurteilung von 15 Sätzen Eckharts und seiner Unterwerfung.

[3] M. Ferguson, Die sanfte Verschwörung. Persönliche und gesellschaftliche Transformation im Zeitalter des Wassermann, Basel ²1982.

b) Im Streit der Meinungen. Im 19. Jahrhundert pries man den neuentdeckten Eckhart als Künder einer pantheistischen, deutschen Geistigkeit gegen das dunkle lateinisch-römische Denken. Der Nazi-Ideologe Alfred Rosenberg griff dies auf, und immer noch spürt man in esoterischer Literatur die Nachwehen dieser Deutung.

Die ernstzunehmende Forschung zweifelt nicht mehr an der subjektiven und auch objektiven Rechtgläubigkeit des Thüringers und der Fehlleistung seiner Verurteilung; doch die kühnen Gedanken Meister Eckharts sind schwer nachzuvollziehen.

Heribert Fischer[4], der gelehrte, anonyme Mitarbeiter an der Herausgabe der Werke Eckharts erregte Aufsehen und Ärger, als er für eine rein theologische Deutung Eckharts eintrat: Es handele sich nicht um Erfahrungs-Wissen, sondern um eine denkerische Durchdringung des Glaubens: „Seine Theologie ist, wie jede echte Theologie überhaupt, Logos von Gott, methodisch gelenkte, systematische Reflexion über den Glauben als das geoffenbarte Wort Gottes und reflektierende Entfaltung dieses Glaubens in Vollzug und Inhalt; sie erzeugt diesen Glauben nicht, sondern setzt ihn voraus."

Heute greifen besonders Burkhard Moisisch und Kurt Flasch diese Deutung auf – nun noch klarer auf philosophischer Ebene. Sie stützen sich dabei auch auf das Freilegen einer deutschen dominikanischen Gelehrten-Schule (Albertus Magnus), in deren „neuplatonischem" Denken Meister Eckhart einen besseren Platz hat als im thomistischen Aristotelismus.

Andere Forscher, wie besonders die Germanisten Alois M. Haas und Kurt Ruh, halten am Mystiker Eckhart fest, betonen allerdings, daß es bei ihm nicht um emotionale, sondern um „intellektuelle" oder „Wesens-Mystik" (L. Reypens) gehe. Die eher emotionale Deutung, die z. B. Helmut Kunisch noch vertritt, gehört der Vergangenheit an.

Damit kommt etwas Wesentliches der (christlichen) Mystik zum Vorschein. Wenn sie nämlich nur gemessen wird am Grad emotio-

---

[4] H. Fischer, Meister Eckhart, Einführung in sein philosophisches Denken, Freiburg 1974, 2.

naler Ergriffenheit oder am Erleben der Einheit mit Gott, dann ist Meister Eckhart kein Mystiker; dazu gibt es keine Äußerung von ihm. Doch (christliche) Mystik läßt sich nicht am Barometer der Gestimmtheit bemessen, sondern am Ernst und der Absolutheit des Ergriffenseins von Gott.

Meister Eckhart lebt in der Zeit, da Subjektivität und Objektivität (Mystik und Mysterium) noch nicht auseinandergebrochen waren. Er schuf seine Synthese (vielleicht die letzte gelungene), allerdings nicht im Medium biblischer Worte, Bilder und Allegorien (wie Bernhard von Clairvaux), auch nicht in der Welt der kosmischen Schauungen Hildegards von Bingen, sondern in der strengen Objektivität eines philosophisch-theologischen Denkens und mit der genialen Kraft seines Wortes. Die lateinischen Arbeiten zeigen den Denker. Das deutsche Predigt- und Traktaten-Werk bezeugt, daß da keiner in kühler Sachlichkeit Wahrheiten darlegt, sondern daß ein zutiefst und ganzheitlich Ergriffener sein innerstes Anliegen weitergibt. Dieses ist die Erfahrung eines Menschen, der sich ganz und gar bei Gott weiß. Beides aber, der Denker und Philosoph wie der Prediger und Mystiker sind ein Meister Eckhart, den man nicht in einen lateinisch denkenden und deutsch erfahrenden auseinanderreißen kann, wie es noch die Deutung Bernard Weltes insinuiert.

c) *Das Ungeschaffen-Göttliche im Seelengrund.* Meister Eckhart wurde verdächtigt, den Menschen oder sein Innerstes, den Seelengrund, zu Gott zu machen. Einer der verurteilten Sätze lautet: „Es ist etwas in der Seele, das unerschaffen und unerschaffbar ist; wenn die ganze Seele solcherart wäre, so wäre sie unerschaffen und unerschaffbar."

Nur wer den Denk-Weg Eckharts[5] nachvollzieht, kann die Fehldeutungen vermeiden, denen die bischöfliche und päpstliche Kurie des 14. ebenso wie die „Neue Mystik" des 20. Jahrhunderts zum Opfer fallen.

[5] O. Langer, Meister Eckharts Lehre vom Seelengrund, in: Grundfragen christlicher Mystik, Stuttgart 1987, 173–191; Zitate nach J. Quint, Deutsche Predigten und Traktate, München 1963, 216, 265, 172.

– *Das Bildgleichnis.* In einer Predigt über das Wort „Qui audit me", „Wer mich hört", bringt Eckhart ein Gleichnis: „Soll mein Auge die Farbe sehen, so muß es ledig sein aller Farbe. Sehe ich blaue oder weiße Farbe, so ist das Sehen meines Auges, das die Farbe sieht, dasselbe wie das, was da gesehen wird mit dem Auge. Das, in dem ich Gott sehe, das ist dasselbe Auge, darin mich Gott sieht; mein Auge und Gottes Auge, das ist *ein* Auge und *ein* Sehen und *ein* Erkennen und *ein* Lieben."

Das sehende Auge formt sich nach Eckhart kein zweites Abbild vom Original, sondern macht Platz für das „Bild", das von außen kommt; und dieses Bild ist voll identisch mit dem Bildsein des Gegenstandes außerhalb des Auges. Dieses eine Bild hat also zwei Realisationsweisen: im Gegenstand und im Auge, bleibt aber seinshaft ein und daselbe Bild. Wahrnehmen besteht in dieser dynamischen Einheit des Bildes: der Schauende und das Geschaute werden im Bild, also im Geschauten, eins. Das ist die typisch (neu-) platonische Auffassung vom Sein.

– *Das Einssein mit Gott.* Dies nun überträgt Eckhart auf das Verhältnis von Gott und Menschen. Zwischen beiden spielt sich Entsprechendes ab – diesmal nicht mehr auf der Ebene der Bilder, sondern auf der des Seins überhaupt. „Wenn Gott die Kreatur ansieht, gibt er ihr damit ihr Sein; wenn die Kreatur Gott ansieht, empfängt sie damit ihr Sein. Die Seele hat ein vernünftiges, erkennendes Sein; daher: wo Gott ist, da ist die Seele, und wo die Seele ist, da ist Gott."

Geschöpfliches Existieren ist nach Eckhart das von Gott Erkannt-Sein, von ihm Ausgesprochen-Werden (Paulus: „Ihr, da ihr Gott erkannt habt, vielmehr von Gott erkannt worden seid", Gal 4,9). Der menschlichen Wahrnehmung als dynamischer Einheit mit dem „Bild" entspricht Gottes schöpferische Tätigkeit: Sein Sein ist sein Erkennen, sein Erkennen ist sein Tun, sein schöpferisches Tun ist das Geschöpf. Das eine und einzige Sein hat also zwei Realisationsweisen: in Gott, der es sprechend in sich trägt, mit ihm identisch ist, und in der Schöpfung, die es ständig neu empfängt. Wobei der Empfänger im Aussprechen Gottes ständig neu Empfangender wird; er ist nichts als ständiges Empfangen, ständiges Angesprochenwerden von Gott.

Die nicht-geistigen Dinge werden von Gott nach dieser oder jener Idee ins Sein gesetzt. Der Mensch aber in seiner Geistigkeit, seinem „Seelengrund" erkennt Gott als Sein, „spiegelt" (eine Lieblingsmetapher Eckharts) in sich das Sein in seiner Reinheit. Er ist nicht nur nach irgendeiner göttlichen Idee geschaffen wie die anderen Geschöpfe, sondern nach der Mitte Gottes, nach seinem Sein. Wo sich der Mensch Gott öffnet, im Seelengrund, ist er seinshaft eins mit Gott: „Der Seele Natur ist es, daß sie Gott aufnimmt; und dies kann man in bezug auf das Edelste sagen, das die Seele aufzuweisen vermag. Darin trägt die Seele das göttliche Bild und ist Gott gleich. Es kann kein Bild geben ohne Gleichheit." Und zugleich ist sie im Sein unterschieden von Gott, da sie es nur als Geschenk, als „Echo", als „gespiegelt" hat.

Die Wirklichkeit des einzigen „Seins" ist ein ständiges Geschehen zwischen Gott und Mensch: vom Menschen her ein „Ins-Sein-Treten", „Gespiegeltwerden", „Ausgesprochensein". Anders aber als beim Spiegel liegt beim Geschöpf nicht etwas vor, in dem sich Gottes Sein „spiegelt", sondern das Geschöpf ist bis ins Letzte nur ein „Ausgesprochensein", „Gespiegeltwerden".

Das „Geschehen" zwischen Schöpfer und Geschöpf *ist* als Gott das eine und einzige ewige Sein. Gott ist sich gleich von Ewigkeit her. Im Seelengrund des Menschen *ist* es ein ständiges Werden. Der „Seelengrund" darf also nicht als statische Substanz, sondern nur als Verhältnisbegriff, als ständiges Werden aufgefaßt werden. Er *ist* eben dieser Prozess des ständigen Empfangens, und in seinem „Ungeschaffensein" ist er dieses Sein, das in Gottes Ungeschaffenheit als Anfang und Quelle subsistiert.

Der Unterschied von Schöpfer und Geschöpf wird nicht mit „verschiedenen Seinsarten" aufgezeigt, sondern durch das Wesensverhältnis, in dem Gott und Geschöpf zu dem einen, identischen Sein stehen: In Gott als Grund und ewiger Besitz, im Geschöpf aber als ständiges Herkommen. Das entspricht der Lehre der Kirchenväter: Der Mensch ist göttlich, aber nicht wie Gott „von Natur", sondern „durch Gnade".

d) Gottesgeburt in der Seele. Von dieser Grundeinsicht her lassen sich die anderen Aussagen Meister Eckharts verständlich machen: Daß Gott der Welt keinen zeitlichen Anfang gab, sondern „sobald Gott war, sobald hat er auch die Welt erschaffen" – weil eben alles ein einziges unteilbares Sein ist; oder: Daß wir die „Gottheit" hinter dem dreipersönlichen Gott suchen sollen – weil selbst mit dem biblischen Reden von Vater, Sohn und Geist ein Geheimnis auf Wortebene auseinandergelegt wird, das letztlich aber nur im staunenden Vollzug und nicht in Sprache und Wort zu verehren ist; ihm soll sich der Mensch in der Mitte seines Seelengrundes ungeteilt öffnen und sich in dessen Dynamik hineinbegeben – als Empfangender, nicht als Besitzender, denn er bleibt Geschöpf.

Damit berühren wir Eckharts Lehre von der Gottesgeburt in der menschlichen Seele, deren christliche Tradition Hugo Rahner aufgezeigt hat. Eckhart predigt: „Der Vater gebiert seinen Sohn im ewigen Erkennen, und ganz so gebiert der Vater seinen Sohn in der Seele wie in seiner eigenen Natur, und er gebiert ihn der Seele zu eigen, und sein Sein hängt daran, daß er in der Seele seinen Sohn gebäre, es sei ihm lieb oder leid. Ich ward einst gefragt, was der Vater im Himmel täte. Da sagte ich: Er gebiert seinen Sohn, und dieses Tun ist ihm so lustvoll und gefällt ihm so wohl, daß er nie etwas anderes tut als seinen Sohn gebären, und sie beide blühen den Heiligen Geist aus. Wo der Vater seinen Sohn in mir gebiert, da bin ich derselbe Sohn und nicht ein anderer; wir sind wohl verschieden im Menschsein, dort aber bin ich derselbe Sohn und nicht ein anderer."

Dies alles folgt logisch aus der Seinskonzeption Eckharts: Der Mensch ist umso mehr Mensch, als er im Sein steht, als Empfangender eins ist mit Gott. Gott aber ist im Innersten trinitarisches Leben: Ewige Geburt des Sohnes, liebendes Aussprechen des Wortes im Heiligen Geist durch den Vater. Diese „Gottesgeburt" geschieht im „Herzen des Menschen", je mehr er sein Wesen verwirklicht.

e) Spirituell-mystische Konsequenzen. Es war nicht nur „Spekulation", nicht nur „Lehre", es war „Leben", was Eckhart weitergab;

das zeigt nicht zuletzt die Begeisterung der Hörer, die Eckharts Predigten auslöste.

Für das Geschenk von Gott muß der Mensch ganz leer, ganz „nichts", ganz „abgeschieden" (lateinisch: abstractus) sein, dann ist er am dichtesten im Sein und am meisten Mensch: „Wisse, wenn immer du irgendwie das Deine suchst, so findest du Gott nimmer, weil du nicht Gott ausschließlich suchst. Was immer du mit Gott suchst, das ist *nichts,* was es auch sei, sei's Nutzen oder Lohn oder Innerlichkeit oder was es auch sei; du suchst ein *Nichts,* darum findest du auch ein *Nichts.* Als Gott alle Kreaturen erschaffen hatte, waren sie so geringfügig und so eng, daß er sich in ihnen nicht regen konnte. Die Seele jedoch machte er sich so gleich und so ebenbildlich, auf daß er sich der Seele geben könne; denn was er ihr auch sonst gäbe, das achtet sie für nichts. Gott muß mir sich selbst so zu eigen geben, wie er sich selbst gehört. Wer ihn so ganz empfangen soll, der muß sich selbst ganz aufgeben und sich seiner selbst ganz entäußert haben; so einer empfängt von Gott alles, was Gott hat, ganz gleich ebenso zu eigen, wie der es selbst hat."

Das Verhältnis zu Gott soll totale Offenheit werden. Sie aber steht dem Verhältnis zur Welt nicht entgegen, wie Meister Eckhart in der berühmten zweiten Predigt über Maria und Marta[6] zeigt. Er polemisiert dort gegen mystizistische Tendenzen, die von Welt-Verantwortung weg zu Gott flüchten wollen. Aber Bei-Gott-Sein steht nicht im Gegensatz zu Beim-Menschen-Sein. Im Gegenteil: Die Welt ist am dichtesten sie selbst, wenn sie in Gott ist; wer sie neben Gott betrachtet, als würde sie von Gott ablenken, verkennt das tiefste Wesen der Welt und auch die Mitte Gottes. Das mystische Gottesverständnis fordert uns, die in der Welt leben, geradezu auf, Gott in allen Dingen dieser Welt zu finden. Und dieses „Gott-finden-in-der-Welt" liest Meister Eckhart genau wie Ignatius von Loyola an Jesus Christus ab: „Gewisse Leute aber wollten so weit kommen, daß sie des Wirkens ledig werden. Ich aber sage: das kann nicht sein. Gerade doch nach dem Zeitpunkt, als die Jünger den Heiligen Geist empfangen hatten (also ganz in Gott

[6] Nach J. Sudbrack, Komm in den Garten meiner Seele, Gütersloh 1979.

lebten), begannen sie, das Werk der Tugenden zu vollbringen. Für all das aber gibt Christus selbst ein Zeugnis: Von Anfang an nämlich, als Gott Mensch ward und der Mensch Gott, begann er, für unsere Seligkeit zu wirken bis ans Ende des Lebens."

Und dieses Wirken in der Zeit aus der inneren Einheit mit Gottes Sein ist die Geburt Gottes in der Seele des Menschen.

Die gleiche Predigt zeigt auch, wie nahe die mystische Theologie vom Göttlich-Sein des Seelengrunds der biblischen Lehre von Gottes Liebe steht: „Gott ist die Liebe, und wer in der Liebe bleibt, bleibt in Gott, und Gott bleibt in ihm." (1 Joh 4,16) Man muß nur wagen, dieses Wort nicht als moralische Anweisung, sondern als ontologische Aussagen zu verstehen; auch dort wird Einheit mit Gott – eine dynamische, liebende – gelehrt. Kirchenväter und orthodoxe Theologen sprechen daher von „Vergöttlichung" des Menschen.

Eckhart polemisiert in dieser Predigt gegen ein Abgleiten der Mystik in „Wonne, Wohlgefühl und eben (stimmungsmäßige) Identität": „Geistiges Erfülltsein (von Gott) bedeutet, daß der oberste Wipfel der Seele von keinem Wohlgefühl mehr herabgezogen werden kann, daß er in keinem Wohlgefühl versinkt, daß er souverän darübersteht." Der Seelengrund liegt also nicht in irgendwelchen, noch so „tiefen" Erfahrungen, sondern in der freien, ganzheitlichen Übergabe seiner selbst. Am Schluß der Predigt präzisiert Eckhart: Man kann im letzten Schmerz – „als ob der Mensch nicht in Gottes Gnade stände" – befangen sein, „und dennoch verharrt der Wille in einfacher Geradheit bei Gott und spricht: Herr, ich dir und du mir! Was ihm auch dabei zustößt, das hindert die Seligkeit der Ewigkeit keineswegs; denn es betrifft ja nicht den obersten Wipfel, dort nämlich, wo er mit Gottes allergütigstem Willen vereint ist."

Eckhart berührt damit die mystische „resignatio ad inferos" (auch noch Martin Luther spricht davon), ein Erfahrungsgefühl, verdammt zu sein, oder gar wie Paulus an die Römer schreibt: „wegverflucht von Christus zu sein, um meiner Brüder willen" (Röm 9,3); und er zeigt: Auch damit ist man in Gott, wenn der Wille, der „oberste Wipfel der Seele" bei Gott ist. Therese von

Lisieux[7] sagt 600 Jahre später Entsprechendes: „Ich glaube nicht mehr an das ewige Leben: mir scheint, daß es nach diesem sterblichen Leben nichts mehr gibt, alles ist verschwunden: mir bleibt nur mehr die Liebe." Eine mystische Befindlichkeit drückt sich in verschiedenen Sprachspielen aus: Die Einheit mit Gott gründet jenseits aller Gefühlsromantik und ist mit statischen Begriffen nicht zu greifen. Sie liegt dort, wo der Mensch ganz und gar von sich wegblickt auf den Ursprung des Seins: Meister Eckhart spricht vom „Wipfel der Seele", vom „Willen". Therese von Lisieux nennt es einfachhin „Liebe": „Wer in der Liebe bleibt, bleibt in Gott" (1 Joh 4,16).

3. Teresa von Avila – Mystik der Freundschaft[8]

Mit den beiden spanischen Kirchenlehrern Teresa und Johannes sind wir in der Zeit, in der sich unser heutiges Weltverständnis entwickelte. Johannes darf in mancher Hinsicht als Schüler der Teresa gelten, während diese wiederum in ihm den Theologen schätzte.

a) Leben. 1515 wurde Teresa zu Avila in Kastilien geboren; sie stammt väterlicherseits aus einer jüdischen Konvertitenfamilie. Früh tritt sie in den Karmel zu Avila ein, eine Ordensgemeinschaft von Frauen, die in strenger Abgeschiedenheit sich dem Gebet und der Kontemplation widmen. Zuerst führte ihr geistlicher Weg auf und ab: tiefe Gebetserfahrung, Krankheit, Gespaltensein in der Nachfolge Jesu, Unzufriedenheit. Vor einem Bild des leidenden Christus wird ihr 1554 die Bekehrung zum konsequenten Ordens-

---

[7] Text, Verweise und aktueller Einblick in die Problematik bei H. U. v. Balthasar, Was dürfen wir hoffen?, Einsiedeln 1981; Kleiner Diskurs über die Hölle, Ostfildern 1987.
[8] Zitiert wird nach Übersetzung von Alkofer-Hofmeister (München, 1931 ff; 1973); die Seelenburg nach der Übersetzung von F. Vogelsang, Zürich 1979; da die Zitate in meinem Buch „Erfahrung einer Liebe, Teresa von Avilas Mystik als Begegnung mit Gott", Freiburg 1979, verwendet wurden, sind sie nicht noch einmal eigens verifiziert.

leben geschenkt. Eine Höllenvision wird 1560 Anlaß ihrer Reformbemühungen. Mit unermüdlicher Aktivität gründet sie neue Klöster, verliert niemals Humor und Klugheit. Immer deutlicher erfährt sie ihr strenges kontemplatives Leben als missionarischen Auftrag. Ihre Schriften – ein gewaltiges Briefkorpus, die Selbstbiographie, das Buch der Klostergründungen, der Weg zur Vollkommenheit und die Innere Burg, die zum Klassiker der spanischen Sprache wurde – führten wegen ihrer psychologischen Genauigkeit, der klugen Nüchternheit, der mitreißenden Sprache, der methodischen Exaktheit und besonders wegen ihrer Erfahrungstiefe unzählige Menschen zur Begegnung mit Gott. 1582 stirbt Teresa. 1622 wird sie heiliggesprochen und erhält 1970 zusammen mit Katharina von Siena den Titel „Kirchenlehrerin".

b) Der Weg der Freundschaft. Berühmt wurde Teresas Definition des Gebets, die ihre geistliche Erfahrung zusammenfaßt – angefangen vom aszetischen Bemühen bis hin zur Höhe der Mystik: „Das innerliche Gebet ist meines Erachtens nichts anderes als ein Gespräch mit einem Freund, mit dem wir oft und gern allein zusammen sind." (Übers. Münzebrock)

Diese so schlicht klingende „Definition" beginnt auf dem Hintergrund des geistlichen Weges zu leuchten. Teresa beschreibt ihn als einen Weg nach Innen, in die „Burg der Seele". Gebet und Betrachtung öffnen das Tor. Teresa gibt den Rat, sich nicht einengen zu lassen, sondern frei in den Kammern der Burg umherzuwandeln. Auch die Selbsterkenntnis, als Tor zur Demut nicht zur Selbstüberhebung, ist nicht zum Verweilen bestimmt.

In der vierten Wohnung wird der Seele das Gebet der Ruhe geschenkt; eine Erfahrung beginnt, die klassisch mit Mystik bezeichnet wird. Teresa bringt sie uns mit Sprach-, Bild-, Erfahrungsgenauigkeit nahe durch das Bild der Bewässerung: „Das Wasser strömt unmittelbar vom Quellort zu – nämlich von Gott –, und soweit Seine Majestät nach eigenem Gefallen eine übernatürliche Gnade erweisen will, quillt es friedvoll und mit größter Ruhe und Sanftheit aus dem tiefsten Inneren unseres eigenen Wesens empor – ich weiß weder wo noch wie." Der Mensch erfährt nicht mehr den Erfolg eigener „aszetischer" Leistung, sondern das Geschenk „mystischer" Gnade.

Dann wird die Erfahrung gewisser, bleibender und zugleich sublimer, weniger an Äußerlichkeiten haftend. Ein anderes ihrer Erfahrungs-Bilder, das vom Liebespfeil, zeigt nun: „Die Seele fühlt sich verwundet auf höchst wohltuende Weise, doch sie errät nicht, wie und durch was sie verwundet worden ist. Doch sie erkennt genau, daß dies etwas sehr Kostbares ist, und niemals wollte sie von jener Wunde geheilt werden. Es befriedigt sie noch viel mehr als die wonnevolle, schmerzlose Versunkenheit im Gebet der Ruhe." Jede wahre Gottesmystik (wie der Sufismus eines Rumi) kennt diese Paradoxie: zugleich hingerissen werden aus Liebe und das Leiden des Hinweggerissenseins erfahren.

Für den Höhepunkt der Erfahrung von Gottes Nähe weiß Teresa kein besseres Bild als das der Ehe: „Wir müssen nämlich wissen, daß ein riesiger Unterschied zwischen allen vorhergegangenen Visionen und dem besteht, was wir in dieser Wohnung schauen, ein Unterschied wie der zwischen einem verlobten Paar und zweien, die sich nicht mehr trennen können. Ich habe es schon einmal gesagt, daß trotz dieser Vergleiche, die ich gebrauche, weil es keine geeigneteren gibt, man sich darüber im klaren sein muß, daß hier so wenig an Körperliches gedacht wird, als weilte die Seele nicht mehr im Leibe. Hier ist nur noch Geist."

Die Seele, die wie ein Schmetterling sich ganz vom Puppendasein befreit hat und liebesdurstig sich in die Flamme der Liebe stürzt (diesen klassischen Vergleich nimmt Teresa vielleicht aus der sufitischen Mystik), weiß Gott bei sich: „Es geht ihr wie jemandem, der mit anderen in einem sehr hellen Raume ist, wo plötzlich die Fenster geschlossen werden, so daß er im Dunkeln steht. Auch wenn das Licht verschwunden ist und er die anderen nicht erblicken kann, weiß er doch noch immer, daß sie zugegen sind."

Es ist wie eine Liebeserfahrung von zweien, die sich in Glück und Unglück, im Licht und Dunkel zusammengehörig wissen.

c) *Mit dem dreifaltigen Gott.* Diesen Höhepunkt der Erfahrung erlebt die Heilige inhaltlich als Begegnung mit Gott; sie erfährt

„gleichsam als Darstellung der Wahrheit die Heilige Trinität, in allen drei Gestalten, mit einer Entflammung, die zuerst wie eine Wolke höchster Klarheit vor ihren Geist kommt." 1576 gibt Teresa dazu einen faszinierenden klaren Bericht: „Ich habe Ihnen gesagt, daß ich mit den leiblichen Augen nichts sehe und auch mit leiblichen Ohren nichts vernehme; ebenso nehmen auch die Augen der Seele nichts wahr. Ich habe nur eine übernatürliche Gewißheit, daß die drei göttlichen Personen da sind. Wie es geschieht, weiß ich nicht, aber das weiß ich, daß es kein Blendwerk ist. Ich kann in der Tat nicht behaupten, daß ich sehe, wer die Person ist, die immer zu mir spricht; bezüglich der anderen zwei könnte ich dies nicht auf dieselbe Weise behaupten. Die eine von ihnen hat meines Wissens noch nicht zu mir gesprochen. Die erste Person hat, wie es mir scheint, mehrere Male zu mir gesprochen. Da ich mich jetzt nicht mehr genau daran erinnere und ich vergessen habe, was es war, so wage ich dies nicht zu behaupten."

Teresas Erfahrung greift im voraus etwas auf, das neu zu verstehen die heutige Theologie unterwegs ist. Lange Jahrhunderte hatte man zu naiv, zu „univok", zu eindimensional von Gott gedacht. Gottes Dreifaltigkeit darf niemals als Addition von Dreien verstanden werden; sondern der Vater, der Sohn und der Geist stehen in einem einzigartigen dynamischen Verhältnis zueinander und verwirklichen Personalität in völlig verschiedener (analoger) Weise. Selbst Thomas von Aquin denkt zu gleichartig (univok) vom Dreifaltigen Gott. Teresa aber durfte erfahren, daß Gott und Gotteserfahrung nicht eindimensional zu begreifen sind. Weder ist der *eine* Gott eine „Überperson" jenseits der drei Personen, noch ist die *dreifaltige* Dynamik eine Absage an personale Einheit. Hinzukommt die erstaunlich präzise Lokalisierung dieser Erfahrung in einer personalen Tiefe (im „Seelengrund"), die Ganzheit besagt und doch jenseits von Sinneserleben liegt.

d) Der Mensch Jesus. Auch den theologisch-anthropologischen Ort ihrer Erfahrung bringt Teresa zur Sprache. Hochgeschätzte Lehrer hatten ihr geraten, „sich von jeder körperlichen Vorstellung loszumachen und sich zur Beschauung der Gottheit zu erheben;

denn, so sagen sie, die körperlichen Vorstellungen, selbst jene von der Menschheit Christi nicht ausgenommen, würden diejenigen, die schon so weit vorangeschritten sind, an der vollkommenen Beschauung hindern. – Wäre ich dabei stehen geblieben, so würde ich, wie ich glaube, nie zu dem Stand gelangt sein, in dem ich mich jetzt befinde, denn nach meinem Dafürhalten ist jene Lehre ein Irrtum. (Ich) befliß mich (damals), da ich Gottes Gegenwart zu fühlen glaubte und auch wirklich fühlte, in ihm gesammelt zu bleiben. Diese Gebetsweise ist, wenn Gott dazu hilft, sehr schmackhaft und wonnevoll. Deshalb hätte mich auch niemand bewegen können, zur Betrachtung der Menschheit Christi zurück-zukehren, da ich damals wirklich meinte, es wäre mir dies ein Hindernis. O Herr meiner Seele und mein höchstes Gut, du ge-kreuzigter Jesus! Nie denke ich ohne Schmerz an diesen Wahn, der mir wie ein Verrat vorkommt, den ich an dir begangen habe.“
Teresa erzählt von einem neuen und entscheidenden Schritt in der Erfahrung von Gottes Gegenwart. Das beschriebene „ungegen-ständliche“ Ruhen ist, wie Teresa andeutet, auch durch Üben zu erreichen. Doch dann wurde ihr die tiefere Gewißheit geschenkt, daß ihr „Freund“, Jesus Christus, gegenwärtig ist, eine Erfahrung, die nicht mehr erzwungen, die nur als Gnaden-Geschenk erfahren werden kann: eine personale Begegnung weit über dem Sich-Eins-Fühlen. Von hier stammt die Gewißheit, in der Teresa trotz oft mißverstehender Berater und Seelenführer verharrte. Im Persona-len liegt der Zugang, um die Einheit von konkreter Bildhaftigkeit und sublimster Geistigkeit zu verstehen, die Teresas Gotteserfah-rung vor anderen mystischen Traditionen auszeichnet.

e) Das Außergewöhnliche und das Einfache. Teresas Mystik ist von ihrer Individualität geprägt. Sie war Genie der Freundschaft; und ihre Mystik ist eine Mystik der Freundschaft. In ihrem Verhältnis zu Pater Hieronymus Gracián wird dies deutlich. Mit ihm verhan-delte sie alle Fragen, auch die nach Visionen, Entrückungen, Levitationen (daß jemand die materielle Schwerkraft überwindet und schwebt).
Teresa selbst beschreibt eine solche Erfahrung: „Du merkst nichts

und siehst, wie du erhoben wirst; aber du weißt nicht wohin. Daher kommt es, daß du, wenngleich mit Wonne erfüllt, ob der Schwachheit unserer Natur anfangs von Furcht ergriffen wirst. Mir selbst sind diese Erhebungen oft äußerst unlieb, so daß ich alle meine Kräfte aufbiete, um zu widerstehen, besonders wenn sie öffentlich geschehen. Zuweilen konnte ich etwas erreichen. Zu anderen Zeiten war es unmöglich; die Seele wurde mir erhoben, und fast immer folgte ihr, ohne daß ich es verhindern konnte, das Haupt, manchmal auch der ganze Körper nach, so daß dieser frei über der Erde schwebte. Letzteres indessen begegnete mir bisher nur selten."

Wer unvoreingenommen an diese und ähnliche Zeugnisse aus allen mystischen Traditionen herantritt, wird kaum an der physikalischen (und nicht nur psychologischen) Wahrheit einiger dieser Berichte zweifeln können – nachdem er bei den allermeisten objektiven Betrug, Legendarisches oder subjektiven Irrtum vermuten muß. Solche (sehr seltene und zuerst einmal energisch zu bezweifelnde) Vorkommnisse beruhen auf somatischer Grundlage. Die Biographie Teresas berichtet vieles, das dafür spricht, daß diese Frau nicht nur „heilig" war, sondern auch im Körperlichen eine übergroße Sensibilität besaß. Ihre Genialität der Freundschaft, ihre Ausstrahlung, ihre Sprachkraft und diese somatische Begabung haben eine einzige psychosomatische Wurzel.

Umso wichtiger ist es, daß Teresa solche Phänomene gegenüber der eigentlichen Gottesbegegnung für unwichtig, wenn nicht für gefährlich hält. So schreibt sie an eine Oberin: „Da diese außergewöhnlichen Dinge so häufig zutage treten, so kommen sie mir doch verdächtig vor. Mögen auch einige davon echt sein, so halte ich es doch für klüger, nicht viel darauf zu geben. Sowohl euer Ehrwürden wie unser Vater sollten ihnen keineswegs ein Gewicht beilegen, sondern sie vielmehr verachten; man verliert dabei nichts, selbst wenn diese Dinge alle echt wären."

Dieses „Nicht-viel-darauf-Geben" gilt Teresa sogar für ihre Tiefen-Erfahrungen der Mystik. Es ist ihr Paradox, daß sie einerseits zu den höchsten Gebetserfahrungen anleitet, aber zugleich weiß: Das schlichte Tun der Liebe und nicht die Gebetserlebnisse sind Höhepunkt der Begegnung mit Gott. Die Schlußsequenz der „Inneren Burg" betont: „Ich sage es nochmals: Allein mit Gebet und Beschauung könnt ihr euer Fundament nicht legen. Wenn ihr nicht nach Tugenden trachtet und euch nicht tätig darin übt, werdet ihr immer Zwerge bleiben. Ich habe euch bereits gesagt, daß die Ruhe, welche die Seelen in ihrem Innern erfahren, ihnen dazu geschenkt wird, daß sie im äußeren Leben um so weniger Ruhe benötigen und um so leichter darauf verzichten."

Das Handeln nach Gottes Willen und nicht das Ruhen in Gottes Gegenwart ist das Wichtige. Die mystische Versenkung in Gott, die „Ruhe", wird sogar zum „Mittel", dieses Wichtigste zu tun. Teresa hörte von Jesus: „Solange dieses Leben währt, besteht der Gewinn nicht in den Bemühungen, meiner mehr zu genießen, sondern in der Erfüllung meines Willens."

In der Mystik der Freundschaft kann es nicht anders sein. Eine „Freundschaft", die den Höhepunkt der Zuneigung in „Erfahrung" (Bewußtseinserweiterung) sieht, ähnelt einer sogenannten „Liebe", die in der Begegnung nur Selbstgenuß und Selbstbefriedigung sucht. Wahre Liebe gründet tiefer als in der Erfahrung von Liebe. Wie Meister Eckhart schaut Teresa auf Gott selbst und nicht auf die Erfahrung von ihm.

4. Johannes vom Kreuz – Unbedingtheit der Mystik[9]

Mystik ist etwas Persönliches; und so kann man gerade in ihr auch der spezifischen Gestalt des Fraulichen und des Männlichen nachspüren. Obgleich man im Freundespaar Teresa und Johannes fast eine Umkehr der Geschlechter erkennen wollte (Oda Schneider), findet man bei näherem Zusehen im Theologen Johannes vom Kreuz eine Gotteserfahrung, die anders als bei Teresa, obgleich von hoher Poesie, männlich, intellektuell, abstrakt geprägt ist.

a) Leben. Johannes wurde 1542 in Fontiveros bei Avila geboren. Sein adeliger Vater wurde wegen seiner bürgerlichen Heirat von den

---

[9] Johannes vom Kreuz, nach der Übersetzung Einsiedeln, 1961ff (die Dunkle Nacht in zwei Versionen); Verifikation im Text.

Verwandten geächtet. So hatte die Mutter viel Mühe, ihren Kindern eine gute Existenz zu verschaffen. Johannes fand nach Umwegen zu den Karmeliten. Trotz seiner Hingabe ans Studium suchte er nach mehr: Er wollte in einen strengeren Orden eintreten, Kartäusermönch werden. Doch Teresa von Avila zeigte ihm 1567 seine Aufgabe: mitzuwirken in der Reform des Karmelitenordens. Fortan nannte er sich Johannes vom Kreuz. Seine nicht-reformwilligen Gegner, die sogenannten „beschuhten" Karmeliten (im Gegensatz zu den „unbeschuhten" reformierten) setzten ihn 1577 gefangen. Damals entstanden die schönsten seiner Gedichte: „Der geistliche Gesang" und wohl auch die „Dunkle Nacht". Nach 9 Monaten Kerker gelang ihm eine abenteuerliche Flucht. Seine Freunde nahmen ihn auf und er bekam im Orden wichtige Aufgaben. In dieser Zeit kommentierte er mit vier großen mystischen Schriften seine mystische Poesie: Empor den Karmelberg, Die dunkle Nacht, Geistlicher Gesang, Die lebendige Flamme. Nach dem Tod Teresas kam es durch einen rigorosen Oberen zu Schwierigkeiten im Orden. Johannes beugte sich und starb 1591 verkannt und verlassen. 1675 wird er heiliggesprochen, 1926 als Kirchenlehrer, als „Doctor mysticus" geehrt.

b) Poesie. In der Vorrede zum „Geistlichen Gesang" (dem alttestamentlichen Hohelied nachempfunden) entwirft Johannes eine Hermeneutik seiner Mystik:
„Da nun diese Kanzonen aus überströmender mystischer Einsicht entsprungen sind, können sie nicht angemessen erklärt werden." Er unterscheidet drei Stufen der Annäherung und damit der Entfaltung des Mystischen. Am Ursprung steht die Erfahrung: „Wer könnte das in Worte fassen, was er (Gott) die liebenden Seelen, denen er innewohnt, begreifen läßt! Wer könnte in Worten ausdrücken, was er sie empfinden läßt! Und wer am Ende das, was er sie verlangen läßt! Sicherlich, das vermag niemand; sicherlich, sie selber, in denen solches vorgeht, vermögen es nicht."
In der Poesie wird etwas von der Fülle der Erfahrung – symbolisch, das heißt real anwesend und zugleich das Ausgesagte übersteigend – gegenwärtig gesetzt: „Das ist der Grund, warum sie in Bildern,

Gleichnissen und Umschreibungen etwas von ihren Gefühlen überströmen lassen und aus der Fülle des Geistes verborgenste Geheimnisse ergießen." Johannes spricht von der Dichtung wie von inspirierten Texten: Es wäre „eine irrtümliche Annahme, daß Aussagen der Liebe und mystischen Einsicht, wie die der vorliegenden Strophen, durch irgendwelche Worte hinreichend erklärt werden könnten. Denn der Geist des Herrn bringt das, was wir nicht hinreichend begreifen, für uns vor, in unsagbarem Aushauchen es offenbarend." Das meint „Mystagogie" in der Terminologie Irene Behns.

Die theologisch-philosophischen Analysen der Kommentare bilden die dritte, die „mystologische" Stufe; sie versuchen „einiges im Allgemeinen aufzuhellen". Man dürfe auch gegen den Wortlaut der Kommentare „die Aussagen der Liebe (eher) in ihrer Weite deuten und jedem die Möglichkeit geben, sie sich gemäß seiner Eigenart und Fassungskraft anzueignen, als sie auf einen einzigen Sinn einzuengen, der nicht jedem Gaumen behagt." Das ist die Tradition der Bibel-Auslegung, die den „mystischen" Sinn des Hohenlieds der Liebe in der Begegnung des Menschen mit Gott fand und wußte, daß auch dies nicht einspurig aus den Texten deduziert werden dürfe, sondern wie eine Blüten-Fülle sich entfalten müsse. Man schätzte es sogar, wenn aus einem Wort des Hohenlieds sich viele Farbmöglichkeiten des Verständnisses ergaben.

So sieht auch Johannes das Verhältnis der Poesie zur Deutung. Letzteres sei Aufgabe der scholastischen Theologie, die er weit entfernt vom Urerlebnis stellt: „Denn wenn auch Euer Ehrwürden die Geübtheit in der scholastischen Theologie fehlen mag, in dieser Wissenschaft, die das Verständnis für die göttlichen Wahrheiten erschließt, so fehlt Euch nicht die Erfahrung in der mystischen Theologie, die von der Liebe gelehrt wird und in deren Bereich die göttlichen Wahrheiten nicht nur gewußt, sondern zugleich auch genossen werden."

c) *Die dunkle Nacht.* Vor allem wegen der Lehre der „Dunklen Nacht" wird Johannes als Doctor Mysticus verehrt. Die „Nacht der Sinne" ist vorbereitend, asketisch, zieht den Menschen von den

Äußerlichkeiten des Alltags ab. In der „Nacht des Geistes" beginnt die eigentliche Mystik: „In der Armut und Hilflosigkeit und Entblößung all meiner Gedanken, in der Finsternis meines Verstandes, der Ängstlichkeit meines Willens, in der Betrübnis und im Gram meines Gedächtnisses habe ich mich in der dunklen Nacht all meiner natürlichen Fähigkeiten blindlings dem nackten Glauben überlassen; einzig mein Wille war in Schmerz und Betrübnis von Sehnsucht nach der Liebe Gottes erfüllt. So ging ich aus mir selber aus, das heißt aus meiner eigenen armseligen Erkenntnisweise, meiner lauen Art zu lieben, meinem armen und dürftigen Schmekken Gottes." (DN II 4)

Johannes setzt diese Nacht-Erfahrung identisch mit dem Gipfel der Mystik; denn sie „ist ein Wirken Gottes in der Seele, das sie von ihrem zuständlichen natürlichen und geistigen Unwissen und ihren Fehlern läutert. Die Kontemplativen bezeichnen sie als eingegossene Beschauung oder mystische Theologie. In ihr unterweist Gott die Seele und belehrt sie über die Vollkommenheit der Liebe, ohne daß sie dabei mitwirkte oder auch nur verstünde, wie diese eingegossene Beschauung vor sich geht." (DN II 5)

Zur Frage: „Weshalb aber nennt die Seele dieses göttliche Licht hier die Dunkle Nacht?", kennt Johannes zwei mystische Gründe: „Je heller und einsichtiger die Göttlichen Dinge in sich selber sind, umso dunkler und verborgener sind sie naturgemäß der Seele; es ist wie mit dem Licht: je heller es ist, desto mehr verdunkelt es das Auge der Nachteule." Der tiefere Grund liegt im unergründlichen Geheimnis Gottes, daß Gott dem Menschen, der ihn erfährt, dunkel vorkomme, allerdings in einer „Dunkelheit", die in sich und aus sich (das mystische Paradox!) zugleich hell und bergend erscheint: Dunkles Licht – Helleuchtende Dunkelheit! Überdies verweist Johannes auch auf die Anfänger-Situation: Man müsse die dunklen, blinden Stellen im Spiegel des Selbst reinigen, damit Gottes Licht in ihm widerscheine. Die Übergänge zwischen „dunkler" Reinigung und „dunkler" Erfüllung geschehen oft unmerklich: Je näher der Mensch zu Gott kommt, desto weniger weiß er, ob die Dunkelheit vom überhellen Licht Gottes oder aus der eigenen Unvollkommenheit stammt. Johannes trennt nicht eindeutig zwischen der Dunkelheit und der Helligkeit der Liebe. Im Kreuz Jesu fällt beides ineins. Johannes wählte den Namen: „vom Kreuz".

d) *Helligkeit der Liebe.* Therese von Lisieux nannte Johannes vom Kreuz „den Heiligen der Liebe schlechthin". Sein Geistlicher Gesang" ist ein Liebeslied zwischen Mensch und Gott, besingt die Vergöttlichung der Seele durch die Liebe, versetzt sie in das innerste Liebesleben Gottes. „Bei der Überformung der Seele ereignet sich sehr häufig solches Liebeshauchen von Gott zur Seele und von der Seele zu Gott, mit erhabenster Liebesentzündung in der Seele. Dies ist es, was sich in den Seligen des anderen Lebens und bei den Vollkommenen im Diesseits vollzieht. Und wenn es geschieht, daß Gott in seiner Huld sie in die Heiligste Dreifaltigkeit einbezieht, darin die Seele gottförmig wird und Gott durch Teilhaben (besitzt), wie wäre es dann unglaublich, daß sie sein Werk begreifend, gedenkend und liebend wirkt, oder richtiger, daß es in der Heiligsten Dreifaltigkeit mit ihr zusammen gewirkt wird, in der Weise der Heiligsten Dreifaltigkeit." (GG 39 4) Dies ist nicht weit entfernt von Meister Eckharts (kirchlich verurteilten) Lehre vom ungeschaffenen Göttlichen im Seelengrund: Gott gleich, ja identisch-werden in der göttlichen Liebe – doch nicht von Natur, sondern durch das Gnadengeschenk eben dieses Gottes.
Und diese Erfahrung ist nicht wesensverschieden von der Erfahrung der Dunklen Nacht, sondern gleichsam deren andere helle Seite. So fährt Johannes fort: „Diese Nacht ist die Kontemplation, darin die Seele solches Ineinanderleben zu sehen begehrt. Die Seele bezeichnet sie als Nacht, weil sie dunkle Gotteserfahrung ist." (GG 39,12)

e) *Poetische Erfüllung.* Die Schrift „Lebendige Flamme" hat das Miteinander von Gott und Seele zum Thema. Es ist ein Lobpreis auf den Heiligen Geist. Denn er ist das Miteinander in Gott und ist das Miteinander von Mensch und Gott: „Da nun die so erhobene Seele Gott so nahe ist, daß sie in Liebesflammen aufgeht, im Empfangen des Vaters und Sohnes und Heiliges Geistes, wie soll es unglaubhaft erscheinen, daß sie ein Weniges von der ewigen Seligkeit voraus verspürt. Allein die Wonnen bei den inneren Flammenstößen des Heiligen Geistes sind so verklärend, daß sie der Süße des ewigen Lebens dabei innewird." (LF I 6) Hier kommt die Poesie, die Freude an der Schönheit zurück: „Das ist das Entflammende solchen Wachwerdens, durch Gott die Geschöpfe zu erkennen und nicht durch die Geschöpfe Gott. Hier wird die Seele gewahr, wie alle Geschöpfe der Höhe und der Tiefe Leben, Kraft und Dauer in ihm besitzen." (LF IV 5) „Gott in allen Dingen finden" wird zu „Alle Dinge in Gott finden".

Im Kommentar zur 14. (15.) Strophe des Geistlichen Gesangs bricht die Poesie wie aus offenen Schleusen hervor. Die Verse lauten: „Du bist wie Berge hehre, / Geliebter, und wie Waldtals Einsamkeiten, / wie Inseln ferner Meere, / wie rauschend Stromesgleiten, / und säuselnd linder Lüfte Lieblichkeiten." Sr. Giovanna della Croce[10], von der die Übersetzung stammt, rechnet den Kommentar „zu dem Schönsten, was der künstlerische Feinsinn des mystischen Doktors in Worte zu kleiden vermochte": „Den Bergen eignet Höhe, Wucht, Weite und Schönheit; sie sind anmutig, blumenreich und würzig. Diese Gebirgswelt ist mein Geliebter für mich. Die nie berührten Täler sind ruhig, lieblich, frisch, schattig, von süßen Gewässern erfüllt; und mit ihren abwechslungsreichen Hainen und ihrem zarten Vogelgesang erquicken sie die Sinne aufs wonnigste; und ihre schweigende Einsamkeit entsendet Erfrischung und Entspannung. Solches Talgesenke ist mein Geliebter für mich." (GG 14/15, 6 ff)

In allen Bildern und jeder Poesie aber hebt die Erfahrung den Heiligen über sich selbst und diese Welt hinaus auf Gott zu. Ihn, Gott kann keine Erfahrung umfassen und kein Wort beschreiben: „Ein solches Einhauchen von Heil und Herrlichkeit und Gottes zartester Liebe in die Seele: davon will ich nicht künden, weil ich klar sehe, daß ich es nicht auskünden kann. Worte reichen an solches nicht heran; es ist ja ein Durchhauchen, das Gott in der Seele wirkt. Er versenkt sie bis zur letzten Tiefe in den Heiligen Geist, in seine Liebe von unvergleichlicher Innigkeit, von einer Süße, die

---

[10] G. della Croce, Christus in der Mystik des hl. Johannes vom Kreuz, Wien 1965, 111 ff.

Gottes Holdheit entspricht. Das Hauchen des Heiligen Geist, in sich voll Heil und Herrlichkeit, erfüllt die Seele mit Heil und Herrlichkeit und entzündet also ihre Inbrunst, über alles Sagen und alle Sinne hinaus, in den Tiefen Gottes, dem Ruhm und Ehre sei. Amen." (LF Schluß)

5. Mystische Freundschaft

Die beiden Reformer des Karmelitenordens haben sich zur Konzeption von „Mystik" unterschiedlich geäußert.

a) *Zwei Erfahrungen von Mystik.* Der Bischof von Avila hatte vier gelehrte Männer gebeten, zu einem Satz Stellung zu nehmen, den Teresa von Avila aus dem Munde Jesu hörte: „Búscate en mi!" „Suche dich in Mir." Uns ist erhalten, was Teresa auf die Stellungnahme des Johannes vom Kreuz antwortete: „Es wäre übel mit uns bestellt, wenn wir erst dann Gott suchen könnten, nachdem wir der Welt schon abgestorben sind. Gott bewahre uns vor Leuten, deren Geist so hoch schwebt, daß sie alles zur vollkommenen Beschauung machen wollen. Übrigens danken wir dem Pater Johannes dafür, daß er uns etwas so vortrefflich erklärt hat, worum wir ihn gar nicht gefragt haben. Denn es ist gut, immer von Gott zu reden."
Das war es, was Teresa an ihrem jüngeren Freund liebte, das Gehen aufs Ganze, die Radikalität, die Unbedingtheit, die zwischen „Alles" (todo) und „Nichts" (nada) kein Drittes kennt. Teresa war von gleicher „Unbedingtheit", aber sprach sie aus in der Terminologie der „Freundschaft", der „Begegnung". Die philosophische Begrifflichkeit des Johannes (nicht seine Poesie; aber auch Poesie ist radikal) bringt die Härten scharf zum Ausdruck, die Freundschafts-Sprache der Teresa klingt humaner, gelöster. Dieser Unterschied klingt weiter in Leben und Erfahrung.
So wurde der Kampf gegen die Bilder zum Markenzeichen der Mystik des Johannes. Zu Beginn des Aufstiegs zum Karmelberg (I 4) wertet er litaneiartig alles Geschöpflich-Greifbare ab: „Das gesamte Sein der Geschöpfe ist demnach, mit Gottes unendlichem

Sein verglichen, so gut wie nichts (-ist nichts; die Übersetzung verharmlost). Alle Schönheit der Geschöpfe ist im Vergleich mit der unendlichen Schönheit Gottes überaus häßlich. Und alle Huld und Anmut der Geschöpfe ist im Vergleich mit Gottes Huld höchst widerlich und abstoßend. Und alles Gutsein der Geschöpfe kann, mit dem Gutsein Gottes verglichen, Bosheit genannt werden (wörtlich klingt es absoluter). Und alle Weisheit der Welt, samt menschlicher Tüchtigkeit ist verglichen mit der unendlichen Weisheit Gottes abgründige Unwissenheit."

Verständlich wird, warum Johannes sich von Bildern, Wallfahrten usw. distanziert: „Viel wäre zu sagen über den Unverstand mancher Leute hinsichtlich der Bilder. Ihre Albernheit geht so weit, daß manche mehr Vertrauen zu dem einen Bild haben als zu dem anderen, so als ob Gott sie mehr durch dieses erhören werde als durch jenes, obwohl beide dasselbe darstellen. Wer also eine Wallfahrt unternimmt, tut gut daran, nicht im Schwarm der Leute zu gehen. Mit der großen Volksmenge zu pilgern, würde ich nie anraten. Sind Hingabe und Glaube da, so genügt jedes Bild, sind sie aber nicht da, so genügt keines." (EK III 36) Teresa aber wurde zur Ganzheit des Ordenslebens nicht in gegenstandsloser Nacht oder in raumzeitlicher Abstraktion bekehrt, sondern vor einem Bild!

Noch schärfer warnt Johannes vor Visionen, Auditionen usw.: „Ich sage also: mit all diesen Wahrnehmungen und bildhaften Visionen und irgendwelchen anderen Formen oder Vorstellungen – seien sie falsch von seiten des Teufels oder als wahr erkannt von seiten Gottes – darf sich der Verstand nicht belasten, noch sich von ihnen nähren, auch darf die Seele sie weder zulassen noch festhalten wollen; sie soll ja ganz losgelöst, entblößt rein und einfach sein, ohne irgendwelche Art und Weise, wie eben die Vereinigung mit Gott es erfordert. Der Grund hierfür ist dieser: sämtliche angeführten Formen bieten sich der Wahrnehmung in irgendeiner begrenzten Art und Weise dar; die Weisheit Gottes aber, der sich der Verstand vereinen soll, hat keinerlei Art und Weise, noch ist sie in Schranken oder deutliche Einzelerkentnisse zu fassen, denn sie ist ganz rein und einfach. Und so muß auch die Seele lauter und einfach sein, ohne Grenzen, nicht haftend an irgendeiner Einzelerkenntnis noch gebunden an die Schranken einer Form, einer Gattung, eines Bildes." (EK II 16) Teresa aber wurde von Gott durch Visionen und Auditionen geführt.

Die beiden verkörpern die Pole jeder wahren Gotteserfahrung: Ausgehend von der Konkretheit des Lebens (die Bilder), sich übersteigend in das Geheimnis Gottes (die Bildlosigkeit) und dies in steter Dynamik (Eckhart).

Die Rolle Jesu Christi in beider Erfahrung zeigt deren Einheit. Theologen wie Anselm Stolz und Karl Rahner[11] kritisieren Johannes wegen der vernachlässigten Christozentrik. Doch sie haben seine Sprach- und Erfahrungs-Gestalt nicht genügend berücksichtigt. Teresa von Avila mit ihrer so ganz anders formulierten Jesus-Mystik aber hat gespürt, wie sehr Johannes das gleiche meint, was auch sie erlebte. Johannes mißtraut den Visionen usw. nämlich aufgrund seines Glaubens an Christus: „Wer jetzt noch Gott befragen oder irgendeine Vision oder Offenbarung wünschen wollte, beginge nicht nur eine Torheit, sondern fügte Gott eine Beleidigung zu, da er die Augen nicht ganz auf Christus richtet. (Gott) hat uns ja seinen Sohn gegeben, der Sein Wort ist – und ein anderes hat Er nicht. So sagt Er uns alles zusammen und auf einmal in diesem einzigen Wort und mehr hat Er nicht zu sagen." (AK II 22)

Jede bejahende Theologie, die in der Konkretheit der beiden Bücher (Schöpfung und Offenbarung) Gottes Wirklichkeit liest, muß gipfeln in einer verneinenden, negativen Theologie. Doch auch umgekehrt: Eine negative Theologie wird ohne das Fundament der bejahenden, positiven Theologie in sich sinnlos. Ebenso steht es auch mit der Erfahrung: Eine nur-positive Erfahrung (ohne Nacht) verkennt Gottes Geheimnis; eine nur-negative Erfahrung aber verkennt die Wirklichkeit von Schöpfung und Offenbarung. Der Unterschied der beiden klassischen Zeugen christlicher Mystik ist von hierher zu verstehen: Johannes akzentuiert (in Wort und Erfahrung!) das „negative" Element des Geheimnisses *Gottes*. Teresa akzentuiert das „positive" Element der *Erfahrung* dieses

[11] Vgl. dazu DictSpir VIII 431.

Gottes. Und beide finden sich in der gottmenschlichen Wirklichkeit Jesu Christi.

b) Mystik als Liebe. In dem Erfahrungswort der Liebe treffen sich beide. Marilyn May Mallory[12] lokalisiert in ihrer empirisch-theologischen Studie „Christliche Mystik: Methoden des Transzendierens" die Erfahrung des Johannes vom Kreuz: „Der Akt der Liebe *ist* Selbstpreisgabe. Der Mensch aber will sich nicht hergeben, dazu hängt er zu sehr an sich selbst. Er will sich selber für sich selber haben. Das höchste Glück aber findet er nur, wo er sich selber hergibt. Auf dem Höhepunkt der Liebe spürt er das und *kann* es auch – und *findet* darin das höchste Glück. Sobald er aber von diesen Höhenpunkten wieder heruntersteigt und reflektiert, revoltiert er dagegen, wenn auch meist unbewußt. Der Mensch leidet darunter, daß er nicht fassen kann, warum er diese Last der Selbstpreisgabe auf sich nehmen muß, um das höchste Glück, das er für sich sucht, zu finden."

Diese Doppelerfahrung läßt sich in keine Logik fassen: Letzte Erfüllung, die zugleich radikale Absage an sich selbst (Dunkle Nacht) ist; im radikalen Überstieg über sich selbst liegt das höchste Glück, die höchste Erfüllung: „Aus dem Gesagten läßt sich verstehen, wie diese dunkle Nacht das Liebesfeuer sowohl im Dunkeln reinigt wie zugleich auch im Dunkeln allmählich entflammt. Herzensreinheit ist nichts anderes als Liebe und Gnade Gottes." (DN II 12)

Das ist die Grundfrage nach dem Wesen der Mystik. Es gibt kein besseres Erfahrungswort inerhalb unseres natürlichen Daseins, mit dem sich das mystische Verhältnis von Gott und Mensch aussprechen läßt, als das der Liebe. Teresa und Johannes wußten sich eins „in der Liebe Gottes, die in Christus Jesus ist, unserem Herrn." (Röm 8,39)

[12] M. Mallory, Christian Mysticism: Transcending Techniques, A. Theological Reflection on the Empirical Testing oft the Teaching of St. John of the Cross, Amsterdam 1977, 209 f.

IV. Begleiterscheinungen der Mystik

Bei wachsendem Interesse an Mystik nimmt man kaum Kenntnis von dem, was über Mystik erforscht wurde. Das hat ein Verkennen und Verfälschen der mystischen Zeugnisse selbst zur Folge: Man kann sie nicht lesen wie die Tagesaktualitäten; man muß sie von ihrem Sprach- und Kulturhintergrund her verstehen. Dazu aber hat niemand besser die Wege bereitet als die seriöse Forschung.

Zwar kann der Blick nach vorwärts durch Nostalgie nach rückwärts versperrt werden. Aber der Mißbrauch negiert nicht die Wahrheit, die vor 800 Jahren Johannes von Salisbury und viele andere beschworen: „Wir stehen auf den Schultern von Riesen!"

1. Aus der Mystik-Forschung

Seit dem 19. Jahrhundert mehren sich die seriösen Versuche, das Phänomen der Mystik vom Wissensstand der Zeit her zu begreifen und in ihn einzuordnen. Für nichtchristliche Mystik seien einige moderne Arbeiten hervorgehoben: Mircea Eliade, „Schamanismus und archaische Ekstasetechnik"; „Yoga. Unsterblichkeit und Freiheit"; Gershom Scholem „Die jüdische Mystik in ihren Hauptströmungen"; Annemarie Schimmel, „Mystische Dimensionen des Islam. Die Geschichte des Sufismus". Es ist bestürzend zu sehen, wieviele Bücher im Zusammenhang mit New Age nicht einmal Kenntnis nehmen von diesen vorbildlichen Arbeiten.

Fritz-Dieter Maaß ist in: „Mystik im Gespräch"[1] innerchristlichen Diskussionen im deutschsprachigen Raum über das Wesen der Mystik nachgegangen. Die Parallelen zur Zeit nach dem Ersten Weltkrieg sind heute, fünfzehn Jahre nach Erst-Erscheinen des Buches, noch aktueller. „Krisenstimmung und Mystik: Ein

[1] F.-D. Maaß, Materialien zur Mystik-Diskussion in der katholischen und evangelischen Theologie Deutschlands nach dem ersten Weltkrieg, Würzburg [1]1972, 19, 23, 100.

Wesenszug war vielen Kulturkritikern gemeinsam, die Hinwendung zum Subjektivismus. Der Mensch und mit ihm die Seele und das Seelenleben rückten in den Mittelpunkt der Betrachtung. (Es) zeigte sich ein auffallendes Interesse breiter Volksschichten für Mystik, bzw. noch mehr für Pseudomystik, das nach dem Krieg zu einem großen Umfang anwuchs. (Es) war aber in verschiedenen Bereichen des allgemeinen Geisteslebens längst vorbereitet worden, dort geboren aus der Krisenstimmung." Die Belege dazu sind beeindruckend, wenn sie auch oft auseinanderliegen: aus der Literatur (Rilke, Morgenstern, Hesse), der Musik (Schönberg ist von Swedenborg beeinflußt, Weberns späte Musik baut auf esoterischem Zahlenspiel auf), bildenden Künsten, (Rouault, Chagall, Klee) oder der Philosophie (Bergson, Simmel, Scheler, Keyserling; selbst Bertrand Russel schrieb über „Mystik und Logik", und Jaspers pries „Mystik als Weg zum eigentlichen Sein"); ein Sammelbecken für alles ist Rudolf Steiners Anthroposophie. Auch der Zenbuddhismus wurde durch den Theologen Heim vorgestellt.
Um diese ernstzunehmenden Figuren herum wucherte ein Unterholz von Scharlatanen und Propheten, von Ekstatikern und Betrügern, von Medien und Zirkeln, die alle mit „Mystik" in Berührung stehen. So neu (New Age), wie viele meinen, sind die neomystischen Bewegungen und Tendenzen nicht.

a) *Im Raum der katholischen Theologie.* Besonders im französischen Raum widmeten sich viele hervorragende christliche Gelehrten der Mystik. Die reifste Frucht dieser Arbeit, das *Dictionnaire de Spiritualité,* eine unersetzliche Hilfe für jedermann, der sich mit „Mystik" beschäftigt, ist immer noch weithin unbekannt. Theologische, historische, psychologische und philosophische Forschung ergänzen sich darin. Und ein Ergebnis dieser Bemühungen muß Fundament sein für jedes weitere Gespräch: daß nämlich nur in Zusammenarbeit die Phänomene der Mystik zu verstehen und der eigenen Religiösität hifreich sind.

b) *Außergewöhnlich oder Intensiviert.* Die damalige Diskussion: ob die mystische Erfahrung sich wesentlich von der normalen

Glaubenserfahrung des Christen unterscheidet, berührt eine Grundfrage von Erfahrung des Absoluten.

Auguste Poulain trat für einen Wesensunterschied ein und definierte: „Mystisch nennt man die übernatürlichen Zustände, welche eine derartige *Erkenntnis* in sich schließen, daß wir mit all unsern Mühen und unseren Anstrengungen nie dazu gelangen können." Als katholischer Theologe setzt er voraus, daß in allem Tun, das zu Gott führt, Gottes Gnade wirkt; aber in der Mystik komme zum ontischen Getragensein von Gottes Gnade das Bewußtsein dieses Getragenseins hinzu. Dieses habe drei Maßstäbe: daß zwischen dem Glaubensleben und der mystischen Erfahrung ein Wesensunterschied besteht; daß dieser im Erkenntnis-Erfahrungs-Bereich (nicht im willentlichen der Liebe) liegt; daß er im Erlebnis der totalen Passivität des Erfahrenden greifbar wird.

Die Gegenthese wurde von Auguste Saudreau vertreten und im weiteren Verlauf der Diskussion von dem Dominikaner Réginald Garrigou-Lagrange ausgebaut. Sie betonen die Kontinuität des normalen Glaubenslebens mit der Mystik: „Der Weg zur Beschauung führt nicht über Abgründe hinweg, sondern steigt langsam, aber beständig aufwärts bis zu dieser Höhe des geistlichen Lebens."

Dies bedeutet, daß die Grenze zwischen Glaubenserfahrung und Mystik, aber auch zwischen Rationalität und Irrationalität nicht scharf gezogen werden kann. Schon das rational-denkerische Tun des Menschen trägt Züge des Geheimnisses in sich und das Geheimnis selbst behält Züge verstehbarer Rationalität. Glaube hat stets ein Element des Erkennens in sich, wie auch die Mystik im Bereich des Glaubens bleibt. Glaube ist offen zur Mystik, denn beide sind getragen von der einen Gnade, der „Anziehungskraft" Gottes. In der Mystik wird nur deutlicher, was immer schon im Leben aus der Gnade Gottes wirksam war, daß es nämlich Gott ist, der die Begegnung mit ihm schenkt.

Daher kann man „Mystik" nicht einzig im Erkenntnis-Erfahrungs-Bereich suchen und Liebe nur als Vorstufe oder Folge der Mystik ansehen. Man muß den Menschen in existentieller Ganzheit als Maßstab einbeziehen.

Alois Mager hat diese Tendenz der Mystik-Interpretation weiter ausgezogen: „Nicht Schauen und Denken, sondern Liebe bilden den Gradmesser der Geistigkeit, Vollkommenheit und Seligkeit. Zwischen Gott und Mensch bestehen unmittelbare Beziehungsmöglichkeiten in gegenseitigem Liebesaustausch. Wenn das Wesen christlichen Lebens mit Liebe gleichzusetzen ist und Mystik in der Höchststeigerung christlichen Lebens besteht, so kann das Wesen der Mystik nicht die Beschauung, sondern wiederum nur die Liebe sein."

Lange Zeit war die Richtung Poulain wegen ihrer Klarheit führend. Die These vom Wesensunterschied zwischen „Mystik" und normaler „Glaubenserfahrung" hilft zur Ordnung.

Eine tiefere Einsicht in die Wirklichkeit der Gnade, die in den Texten des II. Vatikanischen Konzil sich niedergeschlagen hat, führte das Gros der Theologen zur anderen Tendenz. Die Offenbarung Gottes in Jesus Christus ist den religiösen Anlagen des Menschen nicht einfachhin entgegengesetzt, sondern im Menschen selbst lebt eine, auch positive Offenheit zur Offenbarung, „eine Art verborgener Gegenwart Gottes": „Was an Gutem in Herz und Sinn der Menschen oder auch in den jeweiligen Riten und Kulturen der Völker keimhaft angelegt sich findet." (Missionsdekret) Die Gnade des lebendigen Gottes ist nichts anderes als Begegnung mit Gott, legt sich daher nicht einfach von außen her auf das, was der Mensch in sich ist, sondern aktiviert und vervollkommnet seine religiöse Offenheit.

Diese Kontinuität von bereitender Erwartung und geschenkter Erfüllung setzt sich fort in eine noch engere Kontinuität zwischen Glaubens-Ja und „mystischem" Glaubensbewußtsein. Das Glaubens-Ja ist keine äußerlich bleibende Zustimmung, sondern das Vertrauen, in dem der Mensch seine Wesensmitte aktiviert. Mystische Erfahrung ist somit die Entfaltung dessen, was im vertrauenden Glaubens-Ja geschieht. Mystik und Glaube haben ihre Mitte in Gott selbst, der psychologisch-erfahrungsmässig die Mitte des Erlebens, ontologisch-gnadenhaft ihr Alpha und Omega ist.

Karl Rahner drückt dies in Transzendental-Begrifflichkeit[2] folgen-

[2] K. Rahner, in: Theologisches Wörterbuch, Freiburg [10]1975, Artikel:1 Mystik, Transzendenz.

dermaßen aus: „Mystik besagt als Erfahrung die innerliche, einende Begegnung eines Menschen mit der ihn und alles Seiende begründenden göttlichen Unendlichkeit. Die Erfahrung der göttlichen Unendlichkeit durch die *natürliche* Mystik kann auch Nicht-Christen zuteil werden, ja solche ist grundlegend in der Erfahrung der Transzendenz schon impliziert. Christliche Mystik ist Erfahrung und Befreiung der Transzendenzerfahrung durch die Gnade als erfahrene Selbstmitteilung Gottes." In der einen „Transzendenzerfahrung" vollzieht sich der „Wesensgrund von Person, Verantwortung", öffnet sich der Mensch dem Absoluten und kann sich mystisch vollenden in der Begegnung mit dem dreifaltigen Gott – durch dessen in die Geschichte hineingesprochenes Wort.

2. Im Vorfeld der Mystik

Der so durchsichtig scheinende Ansatz von Poulain läuft Gefahr, das „Mystische" an empirisch aufweisbaren und messbaren Phänomenen festzumachen und damit an Äußerlichkeiten hängen zu bleiben. Da „der Charakter der Außerordentlichkeit (schreibt Mager) im mystischen Leben besonders auf dem Gebiet der Erkenntnis zum Ausdruck zu kommen scheint, gerät der Verfasser aus dem Bereich der ursprünglichen Wesensmerkmale der Mystik in den der zwar charakteristischen, aber nicht wesentlichen Begleiterscheinungen mystischen Lebens." Karl Rahner warnt im zitierten Zusammenhang vor solchen Verwechslungen: „Mystische Erfahrung kann von psychologisch seltsamen Phänomenen (Ekstase, Stigmatisation, Elevation usw.) begleitet sein, doch sind solche keine wesentlichen Momente der eigentlichen Mystik."
Die strittige Frage an Poulain geht an seine fast „naturwissenschaftliche" Ordnungsklassifikation. Ein Blick in die vielen neu-religiösen Veröffentlichungen zeigt aber, wie leicht und wie oft auch die „psychologisch seltsamen Phänomene" mit „Mystik" in einen Topf geworfen werden.

Die Frage nach der Unterscheidung von solchen „Begleiterscheinungen" zur Mystik selbst kommt auch aus der Geschichte der Mystik, in der von Visionen (Schauungen, Hildegard von Bingen) Auditionen (Hören, Teresa von Avila) und anderem Seltsamen berichtet wird.

Die Kirche trennt deutlich die Randerscheinungen vom Wesentlichen. In den Untersuchungen zur Heiligsprechung nimmt sie seit jeher völlige Distanz zu den Vorkommnissen am Rande der Mystik ein. Zur Frage, ob die Marienerscheinungen von Lourdes und La Salette kirchlich approbiert seien, heißt die offizielle Antwort[3]: „Diese Erscheinungen oder Offenbarungen wurden vom Apostolischen Stuhl weder approbiert noch zurückgewiesen und verurteilt; es wurde nur gebilligt, daß sie mit menschlichem Glauben, im Maße ihrer durch gute Zeugen und Zeugnisse begründeten Glaubwürdigkeit fromm verehrt werden dürfen."

a) Audition-Vision und Psychologie. Kurt Hutten[4] stellt neben Emmanuel Swedenborg, Jakob Lorber, Hermann Lorenz auch die „Neuoffenbarungen im katholischen Raum": „Vielfach erfolgten die Offenbarungen in Verbindung mit *Marienerscheinungen*. Diese nahmen seit 1930 sprunghaft zu. In einem Verzeichnis werden für die 100 Jahre 1830–1930 insgesamt 98, für die 44 Jahre 1931–1974 dagegen 210 Marienerscheinungen aufgezählt. Die meisten erfüllten die Voraussetzung für eine kirchliche Anerkennung nicht. Aber viele schlichte, fromme Gemüter glaubten den Berichten der oft kindlichen Seher und Seherinnen, liefen zu den Erscheinungsstätten, beteten, steigerten sich in hochgespannte Erwartung, waren gierig offen für Wunderzeichen und – schauten und hörten ebenfalls die Gottesmutter. Durch die Kirchenkritik der Marienbotschaften sahen sich die *Traditionalisten* bestätigt, die sich in ihrem Widerstand vom Großteil des Episkopats verlassen fühlten. So wurden die illegalen Wallfahrtsorte zu Zentren der innerkirchlichen Rési-

---

[3] J. de Guibert, Documenta Ecclesiastica Christianae Perfectionis, Rom 1931, Nr. 1005.

[4] K. Hutten, Seher, Grübler, Enthusiasten, Das Buch der traditionellen Sekten und religiösen Sonderbewegungen, Stuttgart [12]1982, 673–687.

stance." Seit jeher wurden solche Phänomene der Mystik zugeordnet.

Leider gibt es wenige moderne Untersuchungen aus christlicher Sicht, die dem in der Geschichte so oftmals berichteten Phänomen von übernatürlichen Erscheinungen und Ansprachen ernsthaft auf den Grund gehen. Dagegen häufen sich reißerische Taschenbücher, die die Thematik „Marienvision" im Stil nervenkitzelnder Esoterik abhandeln.

Die immer noch maßgebende theologische Untersuchung ist Karl Rahners „Visionen und Prophezeiungen"[5]. Er geht davon aus, daß „die Möglichkeit einer Privatoffenbarung durch Visionen und damit verbundene Auditionen grundsätzlich für einen Christen fest-"steht. Zugleich mahnt er, daß „die Frage nach einem Kriterium zur Unterscheidung der Propheten und ihrer Stimmen und Geschichte in der Kirche dringend" ist. Voraussetzung ist weiterhin, daß die Offenbarung in Jesus abgeschlossen ist und daß das Wesen des christlichen Lebens im „Gebot der Nächstenliebe" liegt. Doch „Privatoffenbarungen (ob Visionen oder Auditionen) sind in ihrem Wesen ein *Imperativ*, wie in einer bestimmten geschichtlichen Situation von der Christenheit gehandelt werden soll; sie sind wesentlich keine neue Behauptung, sondern ein neuer Befehl" Gottes. Die Kirche muß heute wieder lernen, auf solche „Imperative" zu hören; denn bisher stellt „die Geschichte der Mystik eine Geschichte der theoretischen Abwertung des Prophetischen zugunsten einer Aufwertung der unprophetischen, reinen, eingegossenen Beschauung" dar. Mit anderen Worten: Visionen oder Auditionen fügen der Offenbarung Gottes in Jesus Christus nichts Inhaltliches hinzu; können aber Aktualisierungen, Mahnungen, Warnungen von Gott sein; die Christenheit muß das Prophetische auch in der Mystik neu zu beachten lernen.

Traditionell (schon Augustinus um 400) unterscheidet Rahner körperliche, imaginative und rein-geistige Visionen (Auditionen). „Körperliche" Visionen (Auditionen) haben reale Objektivität. Wort und Ereignis existieren physisch, unabhängig vom Mystiker

[5] K. Rahner, Visionen und Prophezeiungen, Freiburg ³1958, 15, 10, 27, 21, 41, 57, 59, 63–65.

und könnten eigentlich auch von Unbeteiligten erfahren werden. Teresa von Avila bekennt: „Wie es ist, wenn man es mit den äußeren Augen gewahrt, darüber kann ich nichts sagen, denn die von mir genannte Person, von der ich insbesondere reden kann (das ist sie selbst), hatte das nicht erlebt." Auch wenn die Mystiker von körperlichen Visionen sprechen, ist die physische Realität ihrer Erfahrung nicht gewährleistet; denn die imaginative Vision (Audition) erzeugt den Eindruck von raum-zeitlicher Realität.

Solche „imaginativen", „einbildlichen" Visionen werden höher eingeschätzt als die rein-körperlichen. Es sind innerseelische Geschehnisse; „Gegenständlichkeit" wird durch die Imagination entworfen, projiziert: „Es wird wohl nicht *grundsätzlich* zu bestreiten sein, daß es körperliche Visionen geben könne; man wird aber wohl selten im Einzelfall tatsächlich eine solche stringent nachweisen können. Im allgemeinen wird es sich bei echten Visionen um einbildliche handeln." Eine solche Annahme genügt, um Visionen christlich zu verstehen und sich ehrfürchtig auf eine Wallfahrt zu einem der großen Marienorte zu begeben.

Denn in solchen „einbildlichen" Visionen berührt Gott den Mystiker in seiner Mitte; und dies verleiblicht sich über die psychische Konstitution des Sehers wie in Wellenschlägen: „Die imaginative Vision (ist) nur deren (d. h. der eingegossenen Beschauung, der mystischen Erfahrung, der Berührung durch Gott) Ausstrahlung und Reflex in der sinnlichen Sphäre des Menschen, die Verleiblichung des mystischen Vorgangs im Geist." Was oben als Bewegung von „Sinnenhaft-Bildhaft" zum „Übersteigen alles Sinnenhaften" analysiert wurde, kehrt in Spiegelschrift wieder zurück. Je nach Veranlagung des Menschen schlägt sich die Berührung durch Gott in seiner Imagination nieder. Eidetisch veranlagte Menschen, wie es besonders Kinder sind, haben nun eine „Schau". Wie sehr aber Gottes Kraft in dieser Übersetzung des inneren Anstoßes in die Leiblichkeit mitwirkt, ist für die Beurteilung der „Vision" (von Gott? von anderswoher?) nur sekundär wichtig. Auf das Innere, die Berührung durch Gott, kommt es an.

Verständlich, „daß ein psychologisch nicht geschulter, einfacher Visionär sich an das Imaginäre seines Erlebnisses hält, ohne daß damit gesagt zu sein braucht, daß er nicht mehr und Wesentlicheres als dieses erlebt hat." In Wirklichkeit aber ist bei der Umsetzung der innersten Berührung von Gott in die Konkretheit des Sinnenbildes manches von dem eingeflossen, was der Mystiker in seiner Erlebniswelt bereithält. Die Entstehung des „Sinnen"-bildes verläuft nach psychologischen Gesetzen und ist vom eigentlichen mystischen Kern zu unterscheiden: „Der Inhalt der imaginativen Vision wird somit unvermeidlich, wenn auch in verschiedener Dosierung der Elemente, deren genaues Verhältnis im Einzelfall schwer feststellbar sein wird, die Resultante aus der göttlichen Einwirkung *und* all den subjektiven Bedingtheiten des Visionärs sein."

Rahner weist unter anderem auf nicht seltene Irrtümer bei anerkannten kirchlichen Mystikern hin, die Imaginatives mit dem personal-Geistigen verwechselten. Hier gilt die Warnung des Johannes von Kreuz: „Der Grund hierfür liegt darin, daß die Einbildungskraft nur schaffen und gestalten kann, was sie mit den äußeren Sinnen wahrgenommen hat, oder sie kann, was schon viel ist, dem Gesehenen, Gehörten, Gefühlten Ähnliches nachbilden, das jedoch keinen höheren Seinswert hat. Da nun sämtliche erschaffenen Dinge in keinem Verhältnis zum Wesen Gottes stehen, so kann folgerichtig nichts von dem, was nach ihrem Bilde ausgesonnen wird, der Vereinigung mit Ihm als nächstes Mittel dienen." (EK II 12)

Ein Blick in die Vielfalt der Visions- und Auditions-Literatur der „Neuen Religiosität" (aus einem Katalog: Gespräche mit Seth; Die Kraft der Intuition; Information aus dem Jenseits; Himmel und Hölle aufgrund von Gehörtem und Gesehenem; Die Apokalypse entschleiert; usw.), aber leider auch in mancher christlicher Veröffentlichung, zeigt, wie aktuell diese behutsame Vorsicht ist.

Rahners wohl gültige Deutung bewegt sich fast nur auf dem Feld der Individual-Psychologie, was nämlich der Mensch aus seiner individuellen Vorstellungswelt mithineinbringt in die vermeintlich von Gott allein geschenkte Vision. Aus heutiger Sicht wären die tiefenpsychologischen Faktoren, die noch weniger in ihrer Kausalität aufzuzeigen sind, stärker zu berücksichtigen: Was dringt aus unbewußt-vorbewußten Schichten ein in die Vision-Audition?

Hier hätte auch die Kritik an vorschneller Dämonisierung gewisser Erlebnisse ihren Platz: stammt etwas vom Dämon oder aus der vorbewußten eigenen Psyche? Noch wichtiger wäre der sozialpsychologische Vorbehalt, den Karl Guido Rey[6] gegenüber den Massenerlebnissen bei charismatischen Gottesdiensten hat: Inwieweit formen sie die Erfahrung des Einzelnen? Nur unter Berücksichtigung dieser Elemente dürfen die klassischen Unterscheidungskriterien über Wahrheit oder Irrtum von Visionen und Auditionen angesetzt werden. Das sichere Gespür für die Differenziertheit dieser Fragen war nicht zuletzt der Grund, warum für den christlichen Mystiker die objektive Wahrheit der kirchlichen Lehre und die Stellungnahme des kirchlichen Amtes Wesenselemente der Unterscheidung waren.

b) Übernatürlich und Parapsychologie. Ein Weiteres verstärkt die Vorsicht. Teresa von Avila berichtet von „Levitationen"; ihre Gotteserfahrung wirkte sich aus bis zur Aufhebung der körperlichen Schwerkraft: Sie „schwebte". Noch häufiger wird Ähnliches von dem Franziskanerbruder Joseph von Copertino (1603–1663) erzählt; man mußte ihn in die Einsamkeit versetzen, weil die Menschen zu sehr fasziniert wurden von seiner „übernatürlichen" Begabung des „Schwebens".
Eine Vielfalt ähnlicher Phänomene wird aus der Geschichte der christlichen Mystik berichtet: Stigmatisierung, also sichtbares oder unsichtbares Tragen der Wundmale Christi; Herzensschau (Kardiognosie); Nahrungs- und Schlaf-losigkeit; Vorherschau oder Weissagung (wie die Spökenkieker); Ekstasen, während derer der Körper wie leblos liegen bleibt und die Seele (d. h. die psychische Erfahrung) sich örtlich oder zeitlich weit davon entfernt zu sein glaubt; Wohlgeruch oder Leuchten, in der Esoterik oft als Aura angesprochen; Bilokation, d. h. an mehreren Orten zugleich sein; geistiger Kontakt mit örtlich entfernten Gegenständen oder Men-

---

[6] K.G. Rey, Gotteserlebnis im Schnellverfahren. Suggestion als Gefahr und Charisma, München 1985; Gotteserlebnis in der Masse, Zur Problematik religiöser Massenveranstaltungen, in: Geist und Leben 59, 1986, 185–194.

schen; Kontakt mit Verstorbenen, mit Heiligen oder den Armen Seelen; Heilungskraft; usw.

In einem stimmen die christlichen Zeugen mit den meisten wirklichen nicht-christlichen Mystikern überein: Diese Phänomene sind noch weiter entfernt von der eigentlichen Mystik, als die vorher erwähnten Visionen und Auditionen; sie können dem wahren Suchen nach Gott oder der Erfahrung des Absoluten noch gefährlicher werden.

Otto Zimmermann[7] nennt den Bereich: „Sekundäre, außerwesentliche, akzessorische Neben- oder Begleiterscheinungen in der Mystik." Aber in der heute wuchernden Literatur über „Mystik" und in den Praktiken von Zirkeln und Zusammenkünften werden solche und ähnliche Vorkommnisse oft verhängnisvoll. Kurt Hutten[8] spricht von „Überweltkundgaben auf säkularistischem Boden". Er behandelt exemplarisch den „Spiritismus" mit der sogenannten Tonbandstimmenforschung und die „UFO-Bewegung" (Sichtung von Göttern/Wesen aus anderen Welten). Man muß die „Out-of-Body-experience" hinzunehmen, daß jemand die Loslösung seiner Seele vom Körper miterlebte und durch Wiederbelebung wieder zurück ins Leben gerufen wurde (möglicherweise ein Effekt der Endorphine). Das Spielen mit „Beweisen" für die Reinkarnation und mit „Reinkarnations"-Therapien gehören dazu. Manches davon kann psychosomatisch erklärt werden. Teresas Schweben und die Stigmata des Franz von Assisi (sie treten mit ihm in die Geschichte ein) hängen sicher mit deren psychosomatischen Sensibilität zusammen. Erinnerungen aus vermeintlich vorgeburtlicher Zeit spiegeln vielleicht nur „Archetypen" wieder.

Mit anderen, nicht durch die allgemeine Anthropologie erklärbaren Phänomenen beschäftigt sich die Parapsychologie. Sie weiß natürlich, wie sehr hier der Betrug blüht. Nach Johannes Mischo[9],

---

[7] O. Zimmermann, Lehrbuch der Aszetik, Freiburg ²1932, 679.
[8] Vgl. K. Hutten, aaO.
[9] J. Mischo, Psi – was verbirgt sich dahinter? Wissenschaftler untersuchen parapsychologische Erscheinungen, Hgg. E. Bauer, W. v. Lucadou, Freiburg 1984, 11; vgl. Mischo, Okkultismus und Seelsorge, in: New Age – aus christlicher Sicht, Fribourg 1987, 127–165.

Professor für Parapsychologie in Freiburg, sind es zwei Problem-
kreise: „Gibt es eine Wahrnehmung außerhalb uns bekannter
Sinnesorgane? Gibt es eine direkte Einwirkung menschlicher oder
tierischer Organismen auf die Welt materieller Objekte ohne
Dazwischentreten einer uns bekannten Ursachenkette?" (Telepa-
thie und Telekinese)

An der Tatsächlichkeit solcher „Psi"-(=parapsychologischen) Phänomene zweifeln heute immer weniger Menschen. In deren Erklärung aber gibt es viel Pseudo-Wissenschaft und Humbug. Christian
Weis[10] schreibt: „Die meisten Parapsychologen nehmen an, daß
diese Phänomene nahelegen, daß in ihnen nichtmaterielle Prinzi-
pien oder Energien wirksam werden, die gleichwohl ‚natürlich' –
d. h. nicht einer jenseitigen, transzendenten Dimension angehörig –
und grundsätzlich empirisch-wissenschaftlicher Forschung zugängig sind." Das ist die animistische, im Gegensatz zur spiritistischen
Deutung.

Man steht mit solchen Erfahrungen erst im Vorraum des Religiösen, wenn auch mancheiner sich durch sie bekehrte. Erstaunlich ist,
wie nahe das Urteil der Fachparapsychologen dem kommt, was die
große Mystik aus christlicher Tradition (wie Johannes vom Kreuz)
immer schon gelehrt hat.

c) Das Wunderbare und das Natürliche. Doch auch der Zusammenhang dieser Randerscheinungen mit dem Zentral-Mystischen
ist festzuhalten. Die dritte „geistige" Weise der Visionen (nach der
„körperlichen" und der „imaginativen") führt unmittelbar dahin;
gemeint ist damit eine „Gegenwarts-" oder „Berührungs-"Erfahrung Gottes oder des Absoluten, die jede sinnenhafte Konkretisa-
tion – sei es augenhaft oder mit sublimer Phantasie – übersteigt.
An dem inner- und außerhalb des Christentum weit verbreiteten
Phänomen von echten oder vermeintlich „wunderbaren" Heilungen kann Weiteres gezeigt werden. Die Bandbreite geht von „Geist-
Heilungen" per Fernsehen, was 1986 das Ehepaar Wallimann

---

[10] C. Weis, Begnadet, besessen oder was sonst? Okkultismus und christlicher
Glaube, Salzburg 1986, 13.

versuchte, über die philippinischen Wunderheiler, die krankhaftes Gewebe ohne Hinterlassung von Spuren aus dem Leibe herausreißen sollen, bis zu Heilungsgottesdiensten der Charismatischen Gemeinde-Erneuerung, während derer durch Handauflegung der Geist Gottes Heilung schenkt.

Nun haben viele schon einmal das Phänomen von heilenden Händen erfahren: die Mutter am Bett des Kindes, die Krankenschwester beim Sterbenden. Solche Kräfte schlummern wohl in jedem und werden durch intensive Meditation, durch Gebet und Tiefenerfahrung gestärkt; das alles ist ein natürlicher Vorgang. Auch der indianische Schamane hat in Askese und meditativer Sammlung seine ihm angeborenen Heil-Kräfte gefunden, gibt sie in einem rituellen, psycho-sozial wirksamen Tanz weiter, und sie werden wirksam in der gesteigerten psychogenen Bereitschaft seiner Gemeinde – das ist „natürlich", obgleich das Ergebnis „wunderbar" aussieht. Hierher gehört ein beträchtlicher Teil dessen, was als Heilungswunder von Wallfahrtsorten berichtet wird.

Für einen Christen ist der tiefer-führende Gedankenschritt fast selbstverständlich: daß Gottes Gnade auch in diesen „natürlichen" Begabungen wirksam werden kann und wirksam wird. Sein Wirken fällt nicht als „Deus ex machina" aus den Wolken, sondern durchformt die natürlichen Kräfte. Damit ist die Brücke geschlagen von der Tiefe der mystischen Begegnung mit Gott oder dem Absoluten zum Ausstrahlen dieser Begegnung in natürliche Kraft der Heilung. „Heil" von Gott und „Heilung" des Leibes stehen im engen Zusammenhang.

Christian Weis schreibt nach scharfer Kritik an Fehlformen und Fehlbewertungen: „Paranormale Heilungen sind kein Beweis dafür, daß Gott sich dort, wo sie geschehen, den Menschen offenbart. Es handelt sich hier zunächst um das Wirksamwerden geschöpflicher Kräfte, die nicht unbedingt nur dort vorkommen, wo der Mensch im Glauben an Gott lebt. Es läßt sich aber umgekehrt sagen: Wo Menschen lebendig an Gott glauben, wird es auch immer wieder paranormale Heilungen geben, die mit Recht charismatisch genannt werden, da sie aus der Kraft des Glaubens erwachsen. In ihnen zeigt sich, wie intensiv Gott durch die

Menschen, die sich ihm anheimgeben, in die Schöpfung hineinwirken kann."

Richard Pyciorkowski[11] verbindet in seiner Analyse medizinisch-psychologischen Fachverstand, theologisch-religiöses Engagement, Faktenkenntnis und sprachliche Allgemein-Verständlichkeit: „Der psychophysische Aspekt einer paranormalen Heilung auf religiöser Basis ist nur fragmentarisch und auch nicht der allein mögliche und allein legitime; denn das Phänomen ist in einem religiösen Kontext sichtbar geworden, ist also eingebettet in eine (übergreifende) religiöse Struktur. Es muß daher auch von einer Sicht aus angegangen werden, die diesem Ganzen entspricht. Der reine Empiriker kann die horizontale Ebene (der Empirie) nicht überschreiten und nicht zu positiven Ergebnissen (über den Grund der paranomalen Heilung) kommen. Das Problem, ob außerempirische Faktoren mit-wirksam waren, übersteigt im Konkreten die Grenzen der empirischen Methode." Der Empiriker stellt nur negativ fest, daß seine Wissenschaft bestimmte Phänomene nicht restlos in den eigenen Bezugsrahmen einordnen kann. Hier tritt die religiöse Deutung mit Recht ein, weil der Gesamtrahmen der paranomalen Heilung auch ein religiöser ist.

Natürlich ist dabei vorauszusetzen, daß man a) alle empirischen Verstehensmöglichkeiten, auch die psychoanalytischen und parapsychologischen ausschöpft und b) theologisch sauber argumentiert (also z. B. psychische Erregung nicht mit der Kraft des Heiligen Geistes verwechselt). „Vom Standpunkt der exakten Naturwissenschaft aus (naturwissenschaftlich meint: ‚scientifique dans le sens adopté généralement aujourd'hui': ‚Erklärung des Phänomens mittels empirischer Einsichten') gibt es keine positive Antwort zur Frage, wie eine paranormale Heilung auf religiöser Basis ablaufe. Wenn man aber auf der Basis, die dem Phänomen entspricht (hier also: religiös und metaphysisch) und dem methodischen Elan menschlicher Intelligenz (der die „Naturwissenschaft" übersteigt) angemessen ist, an die Frage herantritt, gibt es eine positive Antwort", daß nämlich der religiöse Raum (als religiöser und nicht

[11] R. Pyciorkowski, Guerisons Paranormales dans le Christianisme contemporain, Warschau 1976.

nur als psychologische Gestimmtheit) eine Rolle in der Heilung spielt.

Diese Verknüpfung von körperlicher Heilung mit religiösen Vollzügen, vom Para-Mystischen mit dem Mystischen geschieht niemals eindeutig. Wo immer man es zwingend-eindeutig macht, will man Gott zwingend-eindeutig verstehen und verkehrt die religiöse Intention in ihr fratzenhaftes Gegenteil der Magie. Gott bleibt frei, Heilung zu schenken oder nicht. Leid, Krankheit und Tod bleiben Aufgaben, die den Menschen durch keine noch so wunderbare Heilung weggenommen werden.

Für die Christen bleibt weiter wichtig, daß Leid, Schmerz, Tod, Nacht keine Stadien sind, die der vollkommene Mystiker überwunden haben muß, wie einige neo-mystischen Bewegungen lehren. Das Leid ist so tief ins menschliche Leben eingetragen, daß Gottes Sohn in der Menschwerdung den Weg des „Unheils" bis in den Tod ging zum „Heil" für uns.

V. Das Herz der Mystik

Die Beschäftigung mit Mystik darf sich weder kritiklos in fremden Welten verlieren, noch ohne Betroffenheit auf fremde Erfahrungen agieren. Masao Abe[1], der Kyoter Zenphilosoph, plädiert für den ehrlichen Dialog: „Ich halte es für notwendiger, den Unterschied von Christentum und Zen zu klären, als deren Verwandschaft. Es mag wichtig sein, Entsprechungen hervorzuheben, aber damit schafft man nicht notwendig Neues. Doch das Aufdecken der Unterschiede – wenn es nur sauber und offen geschieht – fördert und stimuliert gegenseitiges Verstehen und inspiriert beide Religionen auf ihrer Suche nach Weiterentwicklung."

Mit dieser dialogischen Methode findet Robert C. Zaehner[2] in Indien „vier Grundtypen mystischer Erfahrung": 1. „Kosmisches Bewußtsein, dem die Formel ‚Ich bin der Kosmos‘ oder ‚Ich bin das All‘ entspräche." 2. „Die Transzendenz der Zeit, welche (Erfahrung) erwartungsgemäß oft die erste begleitet, jedoch nicht immer." 3. „Die Erfahrung absoluten Einsseins. Hier verbindet sich das ‚Ich bin dieses All‘ mit dem ewigen Jetzt in einem statischen Einen. Auf dem Höhepunkt dieser Erfahrung existiert nichts als die Empfindung dieses Einen." 4. „Die unendliche Liebe zu Gott." Nach der Bhagavad-Gita (6,31): „Wer fest in der Einheit verankert mit mir, der in allen Wesen wohnt, in Liebe mit mir verkehrt, auf welcher Stufe er auch stehe, jener Geistesathlet wohnt in mir."

Wie viele andere reduziert Thomas H. Macho[3] dies auf ein Einziges: „Die Gottesbegegnung wird – je nach Kulturkreis – als Offenbarung, als Erlangung des ‚kosmischen Bewußtseins‘, des samadhi, als Aktivierung eines ‚außerirdischen Schaltkreises‘ (bei Timothy Leary), als ‚Nervenzusammenbruch‘ oder als Mariener-

---

[1] M. Abe, Zen and Western Thought, London ²1986; Kap. 9: Self-Awakening and Faith – Zen and Christianity, 186–202 (186); Wiedergabe von Vorlesung und Diskussion mit christlichen Missionaren in Kyoto 1974.
[2] R. C. Zaehner, Mystik, aaO., 240 ff; vgl. unten 107.
[3] Th. H. Macho, Todesmetaphern, Frankfurt 1987, 350 f.

scheinung wahrgenommen. Ganz offensichtlich beziehen sich aber die verschiedenen Schilderungen auf einen gemeinsamen Erfahrungskern: auf das tief empfundene Gefühl, durch Verlust des eigenen ,Ichs', durch Verschmelzung mit den ,grenzenlosen Dingen', dem Universum als dem Insgesamt aller möglichen Entitäten, zum Allgemeinen schlechthin zu werden. Ob dieses Allgemeine nun ,Gott', ,Nirvana', ,satori', ,Kosmos', ,Sein', ,Einheit des Nichts' oder ,Tod' genannt wird, ist für die Qualität der mystischen Ekstase ganz belanglos."

Gleicht dieses Vorgehen nicht dem Versuch, die „Vielfalt der Liebe" – zum Partner, zu den Eltern, zum Kind, zur Natur, Kunst usw. – auf ein Einziges, den Orgasmus zu reduzieren? Das Individuelle, Persönliche wäre entwürdigt zu abstrakter Allgemeinheit.

Zaehners Einteilung aber nimmt Karl Rahners[4] These von Erfahrungen ernst, die man „in irgendeinem Sinn als ,mystisch' qualifizieren kann oder muß, und die andererseits doch nicht als Erfahrung übernatürlich-gnadenhafter Mystik angesprochen werden können". Wir greifen das auf mit drei innerlich zusammenhängenden Grunderfahrungen: Selbstmystik, Naturmystik, Gottesmystik.

1. Mystik des Selbst

Louis Gardet und Olivier Lacombe[5] versuchen in der gemeinsamen „Studie zur vergleichenden Mystikforschung": „Erfahrung des Selbst", Plotin mit hinduistischer und buddhistischer Mystik, Sufismus mit modernen Autoren wie Bergson, Rimbaud, Hopkins, Heidegger und auch Johannes vom Kreuz zusammenzusehen.

a) Plotin über das Eine. Der Grieche Plotin ist der wohl steilste Gipfel der Selbst-Mystik. Seine Schriften „vermitteln maßgeblich

---

[4] K. Rahner, Transzendenzerfahrung aus katholisch-dogmatischer Sicht, in Schriften zur Theologie XIII, Einsiedeln 1978, 220f.
[5] O. Lacombe, L'Expérience du Soi, Etude de Mystique Comparée, Paris 1981.

den denkstärksten Kirchenvätern das antike Gesamterbe", haben einen „endlosen Nachhall durchs Abendland", „krönen Bestehendes" und „öffnen es groß zu Weiterem" (H. U. v. Balthasar[6]). Viermal soll er „die Einung als Ziel des dialektischen Weges erreicht"[7] haben. Unsere Zusammenstellung stammt aus: „Über das Gute oder das Eine"[8]:

„Jedes Ding, das als Eines bezeichnet wird, ist in dem Maße Einheit, wie es sein eigentliches Wesen in sich trägt. So besitzt denn auch die Seele das Eine entsprechend ihrem Sein. Jedoch ist sie nicht *das Eine* selber. Für das Teil-Eine sind Sein und Eines nicht identisch; für das gesamte Seiende dagegen und die gesamte Seinsheit sind deren Seinsheit und deren Einssein identisch. *(Er-Es)* ist immer bei uns, da *Es* keine Andersheit kennt; wir aber sind bei *Ihm* nur, wenn auch wir keine Andersheit in uns haben.

Es gilt also, im Hinstreben nach dem *Ersten,* sein Ich von den Sinnendingen, welche das Letzte sind, hinaufzuführen; hinaufzusteigen zu dem Uranfang im eigenen Selbst und aus der Vielfalt Eines zu werden. Man muß sich von allem, was außen ist, zurückziehen und sich völlig in das Innere wenden; man darf keinem Äußeren mehr geneigt sein, sondern muß, das Wissen von all dem auslöschend, in die Schau von Jenem eintreten.

Entschließt sich die Seele, sich rein für sich allein auf die Schau des *Einen* zu richten, dann sieht sie *Es,* indem sie mit ihm zusammen eins ist; und weil sie dann mit ihm *Eines* ist, kann sie nicht glauben, das zu haben, was sie sucht; sie ist ja von dem Gegenstand ihres Denkens selber nicht mehr unterschieden.

Wem solches Erlebnis unbekannt ist, der ermesse von hier unten aus an den irdischen Liebesregungen, was es bedeutet, das zu erlangen, wonach man am meisten verlangt.

Wer es aber geschaut hat, der weiß, was ich sage. Dort oben ist es ihm vergönnt, *jenen* und sich selbst zu schauen (soweit Schauen das

---

[6] H. U. v. Balthasar, Herrlichkeit, Eine theologische Ästhetik III, Einsiedeln 1965, 153, 200, 225.

[7] W. Beierwaltes, in: Grundfragen der Mystik, Einsiedeln 1974, 30.

[8] Plotins Schriften, übers. v. R. Harder, I, Hamburg 1956; die Texte sind (mit Blick auf das griechische Original) zusammengezogen und mit unwesentlichen Änderungen in Zusammenhang gebracht: 173, 189, 197, 179, 193, 181, 177f, 201, 203f.

rechte Wort dafür ist): sich selbst zu schauen – von Glanz erhellt, erfüllt von geistigem Licht, richtiger gesagt: das *Licht* selbst seiend, rein, ohne Schwere, leicht, ja *Gott* geworden – nein: *Gott* immer schon seiend.

Das Geschaute aber unterscheidet der Schauende in jenem Augenblick nicht, sondern er ist gleichsam einbezogen in die Obere Welt und *jenem Wesen* zugehörig; und so ist er *Eines,* als Mittelpunkt den Mittelpunkt berührend.

In diesem Zustand war er aber auch in sich selbst Eines; er hatte in sich keine Geschiedenheit zu sich selbst, auch nicht in seinen Funktionen, und er hatte auch keinen Begriff noch irgendein Denken; ja überhaupt, sein Selbst war nicht da, sondern gleichsam hinaufgerissen, völlig stillstehend und gleichsam in sich selbst ein Stillestehen."

b) Einheitserfahrung – Einheitsdenken. Plotin beschreibt eine Erfahrung, die sich ähnlich im japanischen Zen, aber auch z. B. in der hesychastischen Tradition der Mönche vom Berge Athos findet. Anfanghaft ist sie wohl jedem zugängig. Martin Buber beschreibt sie: „Das ist etwas, was sich im Menschen ereignet. Die Kräfte sammeln sich in den Kern ein, alles was sie abziehen will, wird einbewältigt, das Wesen steht allein in sich selbst und jubiliert."[9]

Man findet sie in jeder religiösen Kultur. Frauen und Männer mit eindrücklicher Geisteskraft, Führerpersönlichkeiten werden durch sie gebildet. Die Pflege des eigenen Bewußtseins weckt auch parapsychologische und ähnliche Kräfte im Menschen, die durch die Hinwendung an die Welt der Objekte, durch Technik und Logik, durch die Entwicklung von Zivilisation und Kultur verkümmert waren. Was in der Vergessenheit des Unterbewußten verschwunden war, taucht auf, wenn der Mensch sich abwendet von der Welt des Manipulier- und Beherrschbaren und sein Bewußtsein meditativ pflegt. Und mit Recht verdient dies den Namen „mystisch".

[9] Vgl. J. Sudbrack, Herausgefordert zur Meditation, Freiburg 1977, 99ff; mit Weiterführung.

Aber bei Plotin wie im populären Zen wird die Einheits-Erfahrung des Selbst zum metaphysischen Maßstab: Einheit ist letzter Seins-Grund. Wo sie total (gegenstandslos) erfahren wird, ist die Totalität des Seins berührt, der Mensch eins mit dem Sein. In der christlichen Mystik hat man sich zwar über Jahrhunderte an den *plotinischen* Erfahrungen und Spekulationen orientiert. „Seine philosophische und theologische Valenz hat das *proklische* (Schüler des Plotin) weitergegebene ‚unum in nobis‘ (Das *Eine* in uns) in dem für mittelalterliche Mystik zentralen Gedanken vom Seelengrund, von der Einheit des Gemütes, von der Spitze der Blüte und dem Funken der Seele erwiesen."[10] Aber die Erfahrung wurde sogleich im Sinne des Augustinus korrigiert: Gott, der „Innerlicher als mein Inners-tes", ist zugleich „Höher als mein Höchstes". Auch Martin Buber schilt den „gigantischen Wahn des in sich zurückgebogenen menschlichen Geistes: er geschehe im Menschen. In Wahrheit geschieht er vom Menschen aus – zwischen dem Menschen und Dem, was er nicht ist."

Ganz erscheint Mystik also erst, wenn in der Einheit das „Noch-Größere" aufscheint. So wie es in der Bhagavad-Gita heißt: „In der Einheit verankert, in der Liebe mit mir verkehrend." Augustinus beschreibt es als „Höher als mein Höchstes" und korrigiert damit Plotin: Nicht die vom Denken erstrebte Einheit über alle Zweiheit, sondern die an der Liebe abgelesen Einheit, die im Überstieg über das Selbst Einheit mit dem Anderen findet, muß der Maßstab der Einheit mit Gott sein. Die Schrift spricht dialogisch-personal: „Alle sollen eins sein, wie du Vater in mir bist und ich in dir." (Joh 17,21)

2. Kosmische Mystik

Die zweite Erfahrungsform des „Mystischen", die „kosmische Mystik", läßt sich von der „Mystik des Selbst" nicht adäquat trennen. August Brunners[11] feinsinnige Analysen helfen, die Sache

[10] W. Beierwaltes, Proklos, Grundzüge seiner Metaphysik, Frankfurt 1965, 38.
[11] A. Brunner, Der Schritt über die Grenzen, Wesen und Sinn der Mystik, Würzburg 1972, 110.

zu sehen und einzuordnen: „Der Mensch erlebt sich mit der Natur eins geworden. Die Ganzheitsstruktur des Biologischen wirkt sich als Einheit der gesamten Natur aus, die gleichsam zu einem einzigen Wesen wird. Der Mensch selbst fühlt sich als einen Teil, als ein Glied des Ganzen. Das Strömen des biologischen Lebens wird nicht mehr durch die Setzung des Geistes unterbrochen. Raum und Zeit werden transzendiert nach unten ins Psychische. Da es durch den Leib in einem unmittelbaren Zusammenhang mit der äußeren Welt und ihren Kräften steht, kommt es zu dem Erlebnis der Verschmelzung des Ich mit der Natur oder dem Kosmos und dem All."

a) *Richard Maurice Bucke und Walt Whitman.* Der kanadische Arzt R. M. Bucke hat den Ausdruck „Kosmisches Bewußtsein" geprägt. Er schilderte sein Erlebnis von 1872[12]: „Er war, noch immer stark unter dem Einfluß der von Lektüre und Gesprächen des Abends geweckten Ideen, Bilder und Gefühle, ruhig und friedvoll, in einem Zustand stiller, fast passiver Freude. Jäh, ohne irgendwelche Vorzeichen, fand er sich wie von einer flammenfarbenen Wolke umhüllt. Einen Augenblick glaubte er an Feuer; im nächsten wußte er: das Licht war in ihm selbst. Gleich darauf überkam ihn Frohlocken, gewaltige Freude, begleitet von einer unbeschreiblichen intellektuellen Erleuchtung. In seinen Geist flutete ein flüchtiger Blitzstrahl des brahmanischen Glanzes; auf sein Herz fiel ein Tropfen brahmanischer Seligkeit, der einen bleibenden Nachgeschmack des Himmels hinterließ. Er sah und da wußte er, daß der Kosmos nicht tote Materie, sondern lebendige Gegenwart ist, daß die Seele des Menschen unsterblich, daß das Universum so gebaut und geordnet ist, daß alle Dinge ohne irgendeine Zufälligkeit für das Wohl von allen und allem zusammenwirken, daß das Grundprinzip der Welt das ist, was wir Liebe nennen, und daß das Glück eines jeden auf die Dauer absolut sicher ist. Er behauptet, während der wenigen Sekunden dauernden Erleuchtung mehr gelernt zu haben, als in den vorangehenden Monaten oder gar Jahren des Studiums, und vieles erfahren zu

---

[12] Nach Zaehner, aaO., 57; verkürzt.

haben, was kein Studium je lehren könnte." Dies entspricht völlig der Erfahrung Fritjof Capras von 1969, die ihn zu seiner New-Age-Synthese führte.

Diese Mystik findet sich besonders bei Künstlern wie bei Walt Whitman[13] (1819–1892), der mit seinen Poem „Grashalme" und dem „Song of Myself" Weltruhm erlangte:

Ich will Verse über die Materie machen, denn ich denke,
sie werden die geistigsten (most spiritual) Gedichte sein;
Und ich will Gedichte über meinen Leib
und über das Sterben machen,
Denn ich glaube, so hebe ich mich selbst hinein in
das Lied meiner Seele und der Unsterblichkeit.
Trug jemand Begehr, die Seele zu sehen?
Schau doch! deine eigene Gestalt und dein Aussehen,
Personen, Substanzen, Tiere, die Bäume,
die fließenden Ströme, die Felsen und die Sandbänke!
Alles enthält geistige Freuden und läßt sie ausströmen.
Wie kann der wirkliche Leib jemals sterben
und begraben werden?
Von deinem wirklichen Leib und von des Mannes
und der Frau wirklichem Leib
Entzieht sich Teil für Teil den Händen der Leichenwäscher
und entschwebt hinein in die Sphären, wo er zuhause ist,
Und trägt alles in sich, was mit ihm zusammenwuchs
vom Augenblick der Geburt bis zum Augenblick des Todes.
Dann rasch sich ausbreitend:
Elemente, neue Geburten, Gestalten – ungestüm, schnell, kühn;
Eine Urwelt wieder, Vorausblicke auf ständigen
und wachsenden Ruhm,
Dies! meine Stimme kündet es –
ich werde nicht mehr schlafen, ich erhebe mich,
Ihr Ozeane, die ihr in mir ruhtet! Wie erspüre ich euch,
die ihr bodenlose, wilde, unerhörte Wogen und Stürme
aufwühlt.

[13] W. Whitman, in: „Starting in Paumanok", Complete Poetry and Selected Prose, Boston 1959, übers. von J. Sudbrack (vgl. die Übers. Stuttgart 1968, 20, 26, 30).

b) All-Erfahrung – Strom des Vitalen. Man sollte auch diesen Erfahrungen den Namen „Mystik" nicht verweigern. Diese wird somit von zwei Polen her beleuchtet, von dem intellektuell-geistigen Plotins und dem materiell-vitalen Whitmans. Die christliche Überlieferung neigt in ihrem Verständnis von Mystik meist zum ersten, intellektuellen Pol. Daher war die „Mystik" Teilhard de Chardins für viele ein Skandal.[14]

Auch ihm ging es um Mystik: „Meine Stärke, meine einzige Stärke liegt darin, ,Mystiker' zu sein, das heißt nur aus einer einzigen Idee zu leben." Auf der einen Seite faszinierte ihn das Materielle, die „Absolutheit" von Stein und Eisen. Später half ihm die Evolutionsidee im Strom der Energie die Absolutheit zu finden. Zugleich damit war ihm die Absolutheit des transzendenten personalen Gottes evident. „Ich habe nie, in keinem Augenblick meines Lebens, die geringste Schwierigkeit gespürt, mich an Gott als einen höchsten *jemand* zu wenden."

Mit der „Höherentwicklung" des Materiellen zur Bewußtheit und dann zur Liebe konnte Teilhard die Vision der kosmischen Mystik aufgreifen und christlich personalisieren: „Die Liebe ist die universellste, die ungeheuerlichste und die geheimnisvollste der kosmischen Energien." In Jesus Christus werden kosmische und göttliche Absolutheit eins, und durch seine Liebe finden auch die Menschen zur Liebeseinheit. Diese Vision des „mystischen-kosmischen" Leibes Christi prägte seine Absetzung von der Mystik des Ostens: „Für die östliche Mystik vollzieht sich die Lösung des vielen zum einen durch Unterdrückung des vielen. Westliche Mystik geht von der Idee aus, daß das Viele konvergenter Natur ist. Die Einheit wird erzielt, indem die Dinge in höchstmöglicher Form in sich selbst verwirklicht werden. Gott steigt durch Christus in das Viele herab, um es an sich zu ziehen."

Niemand hat so konsequent wieder versucht, das Anliegen der Natur-Mystik ins Christentum einzubringen, ohne das Personale zu verraten. Was Teilhard über „Liebe" als Prinzip der Einheit des Kosmos schrieb, bleibt gültig.

[14] Zitate aus dem Fortsetzungsband, a a O., und dem Teilhard de Chardin-Lexikon I+II, A. Haas, Freiburg 1971, Stichworte: „Mystik", „Gott".

Karl Rahner[15] legte ähnliche Gedanken zur „Mystik des Materiellen" vor. Leib sei die Tür des Menschen zur Welt in ihrer materiellen Gestalt. „Im Tode gibt die Seele ihre abgegrenzte Leibgestalt auf und öffnet sich dem All." „Durch ihren real-ontologisch und offen werdenden Bezug auf die Welt als Ganzes" wird das, was früher abgegrenzter Leib war, „im Tod allkosmisch". Der Erlösungstod Jesu ist Schlüssel für diese Theologie; mit ihm ging Jesus als göttliches Prinzip ins Weltganze ein und gab diesem eine gott-menschliche, personale Mitte. „Durch den Tod Christi ist seine geistige Wirklichkeit, die er von Anfang an besaß und die er in seinem durch den Tod sich vollendenden Leben tätigte, offen geworden für die ganze Welt, ist eingestiftet worden dem Ganzen der Welt und zur bleibenden Bestimmung real-ontologischer Art für diese Welt in ihrem Grund geworden." In der Gnade vereint sich der Mensch jetzt schon leibhaft-sakramental mit diesem erlösten Mittelpunkt des Kosmos und so mit dem All. Orthodoxe Ikonen stellen bildhaft dar, wie Jesus in der Mitte des Kosmos Adam und Eva ergreift und zur Auferstehung emporreißt.

„Kosmische Mystik" ist durchaus ernstzunehmen und kann eine Korrektur an der eher *plotinisch* vom „Intellekt" geprägten christlichen Tradition bringen.

Teilhard de Chardin und Karl Rahner setzen aber auch die Unterscheidungskriterien zum gnostischen Vitalismus und der evolutionären All-Einheits-Lehre der „Neuen Religiosität". Sie berufen sich auf (den kosmischen, den sterbenden) Jesus Christus, finden im „Prinzip Liebe" eine Einheit, in der Personalität und Individualität nicht aufgelöst, sondern bewahrt und gestärkt werden.

3. Gottesmystik

Die Bewertung mystischer Erfahrungen aufgrund der Zeugnisse ist ein schwieriges Unternehmen und kann wohl niemals mit absoluter Sicherheit entschieden werden. Glauben an die Offenba-

---

[15] K. Rahner, Zur Theologie des Todes, Mit einem Exkurs über das Martyrium, Freiburg 1958, 23, 25, 58.

rung aber heißt auch: glauben, daß Gott selbst durch die Menschwerdung seines Sohnes uns einen Orientierungspunkt (seinshaft = Menschwerdung, sprachlich = Logos-Wort) gesetzt hat, von dem aus der Mensch es wagen darf, mystische Erfahrung auszusprechen und zu unterscheiden.

a) Zeugnisse von heute. Das „Geistliche Tagebuch" Lucie Christines[16] verbindet sich mit zwei großen Namen: Herausgeber ist der Mystik-Forscher Auguste Poulain; übersetzt hat es Romano Guardini. Heute kennen wir den Namen Christines: Mathilde Boutlé, geb. Bertrand, Mutter von 5 Kindern.
Sie schildert ihre erste große mystische Erfahrung vom 25.IV.1873: „Da schaute ich plötzlich vor meinen inneren Augen die Worte: *Gott allein.* Es klingt seltsam, wenn jemand sagt, er *sehe* Worte. Und doch habe ich sie in meinem Inneren geschaut und vernommen, das ist ganz gewiß, wenn auch nicht in der Weise, wie man sonst sieht und hört. Ich fühle übrigens wohl, wie wenig meine Ausdrücke wiedergeben, was ich empfing, obwohl mir die Erinnerung daran ganz gegenwärtig geblieben ist. *Es war ein Licht, eine Anziehung* und *eine Kraft* zugleich. *Ein Licht,* das mich sehen ließ, wie ich in der Welt *Gott allein* angehören könne. *Eine Anziehung,* war es, die mein Herz überwältigte und hinriß. *Eine Kraft,* die mir einen großmütigen Entschluß eingab und zugleich irgendwie die Mittel in die Hand legte, ihn auch auszuführen. Denn das ist das Eigentümliche solcher göttlichen Worte: *Sie wirken, was sie sagen.* Aber ist das nicht vermessen, oh mein Gott, was ich da unternehme? Kaum habe ich begonnen, von Deinen inneren Werken zu berichten, und schon fühle ich beim ersten Anfang, wie mir die Worte fehlen! So laß mich denn wenigstens nichts sagen, was Deine anbetungswürdige Majestät beleidigt, mein Herr und mein Gott. Ich schreibe ja nur, um Dir zu gehorchen."
Das „Gott allein" wird ausgelegt in Licht-Kraft-Wort-Anspruch-Gegenwart; eine Mystik, die nicht auf Seinseinheit, sondern auf Begegnung, auf Liebe, auf Ekstase, Hingerissensein gründet.

---

[16] L. Christine, Geistliches Tagebuch, 1870–1908, Düsseldorf ²1923, 11 f.

Der Bremer Arzt Carl Albrecht (1902–1965)[17] stellt das gleiche in wissenschaftlicher, psychologischer Terminologie dar. Er stützt sich dabei auf seine eigene mystische Erfahrung und die anderer Menschen (nach Literatur und über Gespräche): „Der engere Begriff von Mystik hat zwei notwendige Bedingungen, das Umfassende und das Versunkenheitsbewußtsein. Seine Formulierung lautet: Mystik ist das Ankommen eines Umfassenden im Versunkenheitsbewußtsein." „Der erweiterte Begriff" nimmt das Ekstatische hinzu, den Zustand also, in dem der Mystiker auch sein Bewußtsein übersteigt und daher bewußtseins-phänomenologisch nicht in gleicher Direktheit beschreibbar ist. Albrecht weiß aber, daß „die Ekstase (und weniger das In-sich-Ruhen) in der konkreten Wirklichkeit häufig den Endzustand der mystischen Versunkenheit darstellt". Beiden Beschreibungen ist das „Ankommen" wesentlich. „In der personhaften Erfahrung bildet (das ankommende Umfassende) sofort eine höchste Wertsphäre um dieses ankommende Du. Alle gesonderten Bewußtseinsinhalte werden zu einem einzigen, alles füllenden Bewußtseinsraum."

Albrechts zweite Arbeit[18] geht der seinshaften Wirklichkeit nach, die sich in der psychischen Erscheinungsform der mystischen Erfahrung kundgibt. Er zeigt, daß „die der Versunkenheit zugrunde liegende anthropologische Strukturformel das In-sich-Sein" ist. Aber dieses „In-sich-Sein muß verstanden werden als ein Modus des „In-der-Welt-Seins"; die „Erfahrung", jenseits von Raum und Zeit zu ruhen, darf nicht als ontologische Aussage bewertet werden; denn „das In-sich-Sein ist ein defizienter Modus des In-der-Welt-Seins." „In-sich-Sein" und „In-der-Welt-Sein" wachsen zusammen: „Allein der Terminus ‚Offenstand' kann zur Bezeichnung des mystischen Existentials gewagt werden." „Dasein als In-der-Welt-Sein ist Offenstand."

Die Schlußaussage: „Und am Ende des mystischen Weges des Denkens steht der Auftrag, in seine eigene Selbstvernichtung

[17] C. Albrecht, Psychologie des mystischen Bewußtseins, Mainz ²1976, 256, 253, 245.
[18] C. Albrecht, Das mystische Erkennen, Gnoseologische und philosophische Relevanz der mystischen Relation, Bremen 1958, 354 f, 369, 371, 376.

einzugehen, zu enden und zu schweigen. Verwandelt zu sein in einen Offenstand, bereitet für das Ankommen eines Geschenkes, das nur unter dem Namen Liebe greifbar ist."

Das Buch über „Das mystische Wort"[19] wurde posthum veröffentlicht. Es enthält wertvolle Selbstzeugnisse, bleibt aber als von fremder Hand versuchter Synthese hinter den vorangegangenen zurück.

b) Offenstehen und Begegnung. Zum letzten Schritt gehört das Einbringen der eigenen Existenz und damit das demütige Wissen des Areopagiten: Gott ist immer größer als das von ihm Gesagte; Begegnung mit Gott ist immer reicher als Ausführungen darüber. Damit übersteigen sich die Erfahrungen von der Einheit des Selbst und des Kosmos.

– *Offen zur Liebe.* In beiden christlichen Zeugnissen findet sich die gleiche Grunderfahrung. Albrecht spricht vom „Ankommen eines Umfassenden im Versunkenheitsbewußtsein". Das „Gott allein", das „Hingerissen-" und „Überwältigt-werden" bei Lucie Christine entspricht seiner „ekstatischen" Mystik-Beschreibung. Der „Offenstand" Carl Albrechts drückt in existentialer Begrifflichkeit aus, was im Personalen erfahren wird; und seine Behutsamkeit: „Allein der Terminus ‚Offenstand' kann gewagt werden!" ist der durchgehende Zug des Berichts von Lucie Christine.

Im Gegensatz zu den Theorien der heutigen Neo-Mystik, die sich (sie vielleicht völlig mißverstehend) auf buddhistische und hinduistische Erfahrungen beruft, ist für Carl Albrecht[20] die mystische Erfahrung – weil offenstehend – nicht der Gipfel der Seinsverwirklichung. Er fragt: „Ist durch unser Bemühen eine Möglichkeit sichtbar geworden, die Struktureinheit des ‚liebenden Miteinanderseins' in einen ontologischen Gesamtentwurf einzubauen? Mir scheint, wir sind diesem Ziele um keinen Schritt nähergekommen. Der Phänomenletztheit ‚Liebe' fehlt immer noch ihr ontologisches

---

[19] C. Albrecht, Erleben und Sprechen in Versunkenheit, Dargestellt und herausgegeben von H. A. Fischer-Barnicol, Mit einem Vorwort von K. Rahner, Mainz 1974.
[20] C. Albrecht, Das mystische Erkennen, 375 f.

Fundament. Es ist die Mahnung, (daß) wir unseren aus der Mystik gewonnenen anthropologischen Entwurf nicht zu hoch einschätzen dürfen, nicht etwa meinen, wir hätten mit ihm einen gültigen Entwurf für eine Gesamtverfassung des Menschseins in Händen."

Dieser Schritt in die Liebe gibt auch der Mystik Lucie Christines ihren christlichen Sinn. September 1875 war ein Zwiegespräch mit Jesus: „Tochter, außer dir und mir ist nichts." Sie trug zurück: „Herr, und die Anderen?" „Da antwortete er: ‚Für jede Seele in dieser Welt gibt es nur mich und sie. Alle anderen Seelen sind etwas für sie nur durch mich und in mir.'" Was abweisend klingt zur Menschenliebe, ist in Wirklichkeit deren Ermöglichung. Mit Datum 1875–1876 heißt es: „In jener Zeit erschien die Ehe mir unter neuen Gesichtspunkten: Wir sind christliche Gatten, und Gott beruft uns, jenes priesterliche Amt auszuüben, das er dem Menschen anvertraut hat. Wir sollen ihm das Höchste in der Welt darbringen, das Menschengeschöpf. Der Gebrauch unseres freien Willens ist der treue Ausdruck seines allerhöchsten Willens, und wir dürfen den höchsten Beweis der Liebe, den das Geschöpf uns darbringt, nur als eine Huldigung annehmen, die auf dem Altar unserer Seele niedergelegt wird, um von dort zum Schöpfer emporzusteigen."

Die Offenheit hat in der Liebe ihre Erfüllung gefunden; Liebe zu Gottes Du aber engt nicht ein. Alle wahre Mystik weist in die Liebe.

– *Ruusbroec und Martin Buber.* Zwei auseinanderliegende und doch ähnliche Zeugnisse mögen nochmals unterstreichen, daß der personal-dialogische Zug ins Herz der Mystik weist. Der flämische Augustinerchorherr Jan van Ruusbroec (1293–1381) benennt in seinem Hauptwerk „Die Zierde der geistlichen Hochzeit"[21] drei konkrete „Verirrungen".

„Wenn der Mensch bloß und ohne sinnliche Bilder ist, ledig und in den höchsten Kräften ohne Beschäftigung, so kommt er wegen

---

[21] J. v. Ruusbroec, Die Zierde der geistlichen Hochzeit, übers. v. M. Schaadvisser, Einsiedeln 1987, 138 f, 141–145.

seiner bloßen Natur schon in eine Ruhe. Diese Ruhe können alle Menschen finden und sie durch ihre bloße Natur in ihrem eigenen Wesen ohne Zutun der Gnade Gottes besitzen, wenn sie sich befreien können von Bildern und von allen Beschäftigungen. (Es geschieht durch) ein Stillsitzen im Ledigsein, ohne innere oder äußere Übungen, auf daß die Ruhe gefunden werde und ungestört bleibe." Die Beschreibung entspricht der Zen-Meditation. Diese „natürliche Ruhe" ist in sich nicht schlecht; aber wer in ihr stecken bleibt, „fällt in eine geistige Hoffart und in ein Selbstbehagen, wovon man selten genesen kann. Dies ist der Anfang zu allen geistigen Irrwegen." Dagegen setzt Ruusbroec „die Ruhe in Gott, die immerfort mit innigem Begehren tätig gesucht wird, die in der genießenden Neigung gefunden und im Fließen der Minne ewig besessen (und) einmal besessen, immerzu gesucht wird." Es geht um das von Albrecht aufgezeigte „Offenstehen".

Die zweite Verirrung ist deutlicher: „Wenn der Mensch im Ledigsein Ruhe besitzen will ohne innige, begehrende Hinwendung zu Gott, so hat er eine Bereitschaft für sämtliche Verirrungen." Das „Offenstehen" ist völlig verschlossen.

Die dritte Verirrung hat Parallelen zur Neo-Mystik. Es geht zuerst um solche, die mit ihren Erfahrungen sich über das sittlich Gute und Böse erheben und dies „Freiheit" nennen. Und dann sind es solche, die „eine gelassene, demütige Lebensweise (haben); und sie können sehr wohl mit Gleichmut alles ertragen und erleben, denn sie glauben, daß sie ein Werkzeug sind, womit Gott nach seinem Willen arbeitet." Sie sind – modern gesprochen – schon in einer überweltlichen Ruhe, leben aus dem – von Karlfried Graf Dürckheim so genannten – „anderen Ursprung" und haben die Total-Ruhe, die es nach Meister Eckhart in diesem Leben nicht gibt, schon erreicht – für Ruusbroec eine Perversion der wahren Mystik.

Martin Buber[22] fand seine Ich-Du-Mystik nach einer echten Bekehrung. Deshalb ist sein Zeugnis wichtig. In seinen „Ekstatischen

[22] M. Buber, Ekstatische Konfessionen, 1909; zitiert nach der 5. Aufl. mit einer Einleitung von M. Buber: „Ekstase und Bekenntnis", und einem Nachwort des Hg. P. Mendes-Flohr, Heidelberg 1984, XXX, XXXI, 259.

Konfessionen" war Mystik noch eine Über-Religion jenseits aller Religionen: Der Ekstatiker „ist eine Einheit geworden. Seine Einheit ist nicht relativ, sie ist grenzenlos, denn sie ist die Einheit von Ich und Welt. Er hat das andere, die anderen mit *in* sich, in seiner Einheit: als Welt; aber er hat *außer* sich keine Anderen mehr. Die Ekstase steht jenseits des gemeinsamen Erlebnisses. Sie ist die Einheit. Sie ist der Abgrund, den kein Senkblei mißt: das Unsagbare." Nach der Bekehrung distanzierte sich Buber von dieser Mystik und verbot es, „die ‚Ekstatischen Konfessionen' neu zu drucken. (Sie) könnten trotz aller Warnungen zu Mißverständnissen Anlaß geben."

In einem klassischen Text[23] analysiert er nun „zweierlei Geschehnis". „Das eine ist das Einswerden der Seele. Das ist nicht etwas, was sich zwischen dem Menschen und Gott, sondern etwas, was sich im Menschen ereignet." „Ohne (es) ist der Mensch zum Werk des Geistes nicht tauglich."

Aber „das andere Geschehnis ist jene unausforschliche Art des Beziehungsaktes selbst, darin man Zwei zu Eins werden wähnt. Ich und du versinken, die Menschheit, die eben noch der Gottheit gegenüberstand, geht in ihr auf. Was der Ekstatiker Einung nennt, das ist die verzückende Dynamik der Beziehung. Die Beziehung selbst, ihre vitale Einheit wird so vehement empfunden, daß ihre Glieder vor ihr zu verblassen scheinen."

Prosaischer gesagt: Es gibt die Einheitserfahrung des In-sich-Ruhens, die Mystik des Selbst. Gottesmystik aber ist die Einheitserfahrung der Liebe, die nur äußerlich der Selbstmystik ähnelt. In ihr ruhen beide Partner so sehr im anderen, sind so selbstvergessen, daß sie ihre Beziehung als Einheit erfahren. Martin Buber nennt dies „Geist". Diese Liebeserfahrung geschieht in der Gottesmystik. Die Verwechslung beider Einheitserfahrungen aber ist verhängnisvoll; der Mensch macht sich zum Gott – „Gotteskomplex" nannte es Horst Eberhard Richter[24]. Buber schreibt: „Alle Versenkungslehre gründet in dem gigantischen Wahn des in sich zurückgeboge-

---

[23] M. Buber, Werke I, Heidelberg 1962, 135–142.
[24] H. E. Richter, Der Gotteskomplex. Die Geburt und die Krise des Glaubens an die Allmacht des Menschen, Reinbek 1979.

nen menschlichen Geistes: er geschehe im Menschen. In Wahrheit geschieht er vom Menschen aus – zwischen dem Menschen und dem, was nicht er ist."

– *Die Tradition der Abraham-Religionen.* Offene, von der Liebes-Erfahrung und -Sehnsucht geschulte Augen entdecken diese Offenheit zur Mystik von Gottes Du in vielerlei Gestalt; vor allem natürlich in den Erfahrungen der Offenbarungsreligionen.

Verfälschung der christlichen Tradition. Oft aber deutet man christliche Mystik als „Super-Erfahrung" jenseits aller Religionen. So im Fahrwasser von New Age Hans E. Ulrich[25] zu Meister Eckhart: „Die absolute Vereinigung: Nichts ist zu sehen. Nichts ist zu hören. Unendlichkeit! Unendlichkeit allein! Dort ist alles unendliche Seligkeit, dort gibt es kein Ich und kein Du. Es ist das Erlebnis des allerhöchsten Glücksgefühls." Dem entspricht, wenn Jan van Ruusbroec[26] der Zen-Erfahrung gleichgesetzt wird, ohne nur auf die gezeigten Differenzierungen einzugehen. Ähnliches läßt sich an vielen ähnlich mißbrauchten Zeugnissen zeigen.
Auch der Vorwurf, daß die christliche Kirche das „mystische" Element unterdrücke, ist, zumindest für die Vergangenheit, haltlos. Die kirchlich wirksamen Orden der Franziskaner und Jesuiten ruhen z. B. auf der Mystik ihrer Gründer[27].
Fehlleistungen der Kirchengeschichte stammen meist aus den kulturellen und denkerischen Schwierigkeiten, mit dem Themenbereich umzugehen. Gregorios Palamas (1296–1359), versuchte z. B. die Dialektik des Geheimnisses in Gott mit der Unterscheidung von „Ousia", dem Wesen, das nur Gott kennt, und „Energeia", seiner Offenheit Gottes zur Schöpfung zu greifen, und behauptete die

[25] H. Ulrich, Von Meister Eckardt zu Carlos Castaneda, Reise durch eine andere Wirklichkeit, Frankfurt, 1986, 79; ein Zitat von Brahmananda, um Eckhart zu erklären; anschließend wird der Exerzitienweg des Ignatius mit den von Castaneda beschriebenen Übungen Don Junas parallelisiert.
[26] So H.M. Enomiya-Lassalle, Zen-Unterweisung, bearb. u. hgg. von R. Ropers und B. Snela, mit Ruusbroec-Zitaten nach der lat. Übersetzung des Surius von 1609.
[27] Vgl. Christian Spirituality I, ed. by B. McGinn, J. Meyendorff, J. Leclercq, London 1986; zu Gregorios Palamas: 411.

strikte Identität von Ousia und Energia. Verständlich, daß diese Licht-Theologie (= Energia) des großen Hesychastischen Theologen im Westen auf Unverständnis stieß. Doch vielleicht sind solche Bilder der Mystik „wahrer" als die Begriffe unserer Darstellung.

Die Zeugnisse der jüdischen Mystik bieten sich durch ihre sprachlichen und denkerischen Schwierigkeiten geradezu an für Mißdeutungen. Gershom Scholem[28] aber zeigt: Selbst in der Merkaba-Mystik, dem Ursprung jüdischer Gnosis und Kabbala, findet man „nichts von einer unio mystica zwischen Gott und der Seele. Stets bleibt deutlichst gewahrt das Bewußtsein der Persönlichkeit, des Andersseins Gottes, ja es wird hier noch eher übersteigert." Im Zusammenhang mit der „prophetischen Kabbala" heißt es: „Nichts scheint mir dies Gefühl für Distanz zwischen Gott und Mensch auch noch in der innigsten Beziehung deutlicher auszusprechen als das hebräische Wort, das in der hebräischen Literatur am meisten für das gebraucht wird, was man unio mystica zu nennen pflegt. Es ist dies das Wort debekuth. Das bedeutet wörtlich nur das ‚Anhangen‘, nämlich an Gott." Das andere Wort, das die gesamte jüdische Spiritualität durchzieht: „Kawwana" – Aufmerksamkeit, Intention, Ausgerichtetheit – bezeugt das gleiche. Zu Isaak Luria, dem mystischen Überbieter der Kabbala, weiß Scholem: „Ekstase ist hier nur innerhalb der Grenzen möglich, die von der Kawwana gesetzt sind. Es ist eine Ekstase der stillen Versenkung, eines Hinabsteigens des menschlichen Willens mit dem göttlichen Willen, bei dem die Worte des Gebetes gleichsam als das äußere Geländer dienen."
Wie himmelweit verschieden ist das von der esoterischen Kabbala-Literatur in unseren Buchläden!

Am Sufismus, der muselmanischen Mystik, wird die Fehldeutung der Selbsterfahrung als Gotteserfahrung noch sichtbarer. Annemarie Schimmels: „Mystische Dimensionen des Islams"[29] wird vom

---

[28] Vgl. G. Scholem, aaO., 60. 132. 305.
[29] A. Schimmel, Mystische Dimensionen des Islams, Köln 1985, von ihr selbst aus dem Amerik. übers.; 1979 schon im Qualander-Verlag erschienen; 17–19.

neo-mystischen Boom der Sufi-Literatur übergangen, weil das Buch ein anderes, das richtige Bild des Sufismus zeichnet: „Mystik kann als Liebe zum Absoluten definiert werden. Diese Liebe kann das Herz des Mystikers in die göttliche Gegenwart tragen. Diese einfachen Grundideen kann man in jedem Typ der Mystik finden. Es ist ratsam, zwei Haupttypen zu unterscheiden. Sie sind als ‚Unendlichkeitsmystik' und ‚Persönlichkeitsmystik' definiert worden. Der erste Typ ist am höchsten und reinsten ausgedrückt im System Plotins und in den vedischen Upanishaden: Gott ist die Einzige Wirklichkeit. In der sogenannten Persönlichkeitsmystik dagegen wird die Beziehung zwischen Mensch und Gott gesehen als Beziehung zwischen Geschöpf und Schöpfer oder Haltung eines Liebenden, der nach seinem Geliebten verlangt. Dieser Typ kommt im Sufismus häufiger vor." Das monistische In-Eins-Setzen von Gottes- und Selbsterfahrung wird erst mit Ibn Arabi (1165–1240) möglich, bleibt aber im Rahmen der Liebe; die ganz Großen aber, Maulana Dschalaluddin Rumi, der Begründer der „Tanzenden Derwische", oder Mansur Al-Halladsch, der Märtyrer, waren Persönlichkeits-Mystiker.

In der nuancenreichen arabischen oder persischen Sprache ist es leichter als im Indogermanischen, über Grenzen hin-und-her zu fluten. Auf jeden Fall zeigt A. Schimmel die Fahrlässigkeit des heutigen Umgangs mit mystischen Zeugnissen.

c) Offenheit zur Gottesmystik. Auch jenseits der Offenbarungsreligionen begegnet man weiterhin der „Persönlichkeitsmystik". Louis Gardet[30] schreibt dazu: „Es hat sich gezeigt, wie schwer es oft ist, die Erfahrung des Selbst von der Erfahrung der göttlichen Dinge zu unterscheiden. Phänomenologisch fallen die Anfangsetappen zusammen: Verinnerlichung in der Abgeschiedenheit, im Stillwerden des empirischen Ich. Aber die natürliche Mystik bleibt auf der Ebene der reinen Innerlichkeit stehen; die übernatürliche Mystik transzendiert den Gegensatz Im-Inneren / Nach-Außen dadurch,

---

[30] L. Gardet, Thèmes et Textes mystiques, Recherche de critères en Mystique comparée, Paris 1953, 70.

daß ein völlig transzendenter Anderer, in dem alles andere sich vereint, in ihrer Seele wohnt, ihr innerlicher ist als die Seele sich selbst." Das berührt das Kriterium der „Offenheit".

– *Die meditative Religiosität des Fernen Ostens.* Man streitet, ob *der hinduistische „Bhakti"*-(= Liebes-)Yoga in seinem Gipfel zur „Persönlichkeitsmystik" zu rechnen sei oder sich in eine „Unendlichkeitsmystik" aufhebe.

R. C. Zaehner[31] macht glaubhaft, daß in der Bhagavad-Gita kein Gemisch von allen möglichen mystischen Erfahrungen, sondern eine über Jnana-(Wissens-) und Karma-(-Tätigkeits-)-Yoga zur Höhe geführte Liebes-Yoga zu finden ist. Schon Vers 6,31 sagt Krishna: „Wer fest in der Einheit steht, hat liebend Teil an mir, der in allen Wesen wohnt; auf welcher Stufe er auch steht, dieser mit sich Identische wohnt in mir." Kapitel 12 (Vers 6f) bildet den Höhepunkt: „Und diejenigen, die all ihr Tun auf mich hin weggeworfen haben, nur mich intendieren und mich meditieren in geistlicher Übung, anderem keinen Raum lassen und mich ehren, sie will ich aus dem Meer des immer wiederkommenden Todes heben; denn sie haben ihr Denken auf mich gerichtet." Das ist Begegnungsmystik.

In „Mystik – Harmonie und Dissonanz" führt Zaehner[32] zu einem noch höheren Gipfel personaler Hindu-Mystik: „Der Siva des Saiva Siddhanta kommt von allen Religionen und Sekten Indiens dem Christentum am nächsten. Alles was fehlt, ist die Inkarnation. Bedauerlicherweise wurde der Saiva Siddhanta noch bis vor kurzem im Westen vernachlässigt." Yudhishthira aus der Mahabharata „umfaßt eine Liebe zu Gott, die doch nicht die Nächstenliebe ausschließt", was die Gefahr der Hindu-Spiritualität, auch des Bhakti darstellt.

Die buddhistische Überlieferung wird im Westen besonders in der Gestalt des Zen rezipiert. Es ist bezeichnend, daß dabei der weitaus größere und auch fruchtbarere Amida-Buddhismus Japans ausfällt,

[31] R.C. Zaehner, The Bhagavad-Gita, with a commentary based on the original sources, London 1969, 235–239, 327–329; vgl. oben S. 89.
[32] Vgl. R. C. Zaehner, Mystik, aaO. 197, 212–231.

obgleich sogar Karl Barth sich mit ihm beschäftigte und der große Tradierer des japanischen Buddhismus zum Westen, D. T. Suzuki, schon in seinem grundlegenden Buch „Der westliche und der östliche Weg"[33] einen zarten Bericht darüber einfügte. Sein Buch zum Amida-Buddhismus trägt sogar den Untertitel: „Shin-Buddhismus ist Japans größerer, wichtigerer Beitrag zum Westen."

Christiane Langer-Kaneko hat uns vor kurzem mit „Das Reine Land, Zur Begegnung von Amida-Buddhismus und Christentum"[34], in diese tiefe Religiosität eingeführt. Züge wie Glauben, Befreiung (Erlösung) durch das Andere (den Anderen) erinnern an christliche Lehren. Das Gespräch mit diesem einflußreichen Buddhismus hat kaum erst begonnen.

Auch der Zen-Buddhismus denkt keineswegs so eng-immanentistisch, wie es der westlich-rationalistische Zen glauben macht. Masao Abe[35] ist Vertreter der Zen-Philosophie von Kyoto. Seine nicht-theistische „Mystik" bezeugt eine „Offenheit", die ahnen läßt, daß Gott größer ist, als unsere theologischen Sätze es begreifen.

Aus einem Gespräch mit christlichen Missionaren: „Nichts, was immer es sein mag, ist unabhängig von anderem oder steht nur in sich selbst. Dies drückt man oft folgendermassen aus: ‚Wenn dieses existiert, kommt jenes ins Sein. Wenn dieses nicht existiert, existiert auch jenes nicht. Wenn dieses zerstört wird, wird auch jenes zerstört.' ‚Dieses' und ‚jenes' sind dabei in jeder Beziehung austauschbar und eins hängt vom andern ab. Christentum lehrt aber: Gott sei unabhängig vom Menschen, während der Mensch voll und ganz von Gott abhängt. Vom buddhistischen Standpunkt aus geht diese Idee nicht auf."

„Für den Zen ist die Endlichkeit des Menschen so tief und so radikal, daß sie nicht durch den Glauben, und nicht einmal durch

---

[33] D. T. Suzuki, Der westliche und der östliche Weg, zuerst Berlin 1960, Ullstein-Taschenbuch, 144–287; Shin Buddhim is Japan's major religious contribution to the West, New York 1970.
[34] C. Langer-Kaneko, Das Reine Land, Zur Begegnung von Amida-Buddhismus und Christentum, Leiden 1986.
[35] Vgl. M. Abe, aaO., 188–193, 196, 200–202f.

das Andere der göttlichen Kraft überwunden wird. Daraus stammt die Notwendigkeit, die eigene absolute Nichtigkeit zu realisieren".

„Selbst Gut und Böse stehen nach dem Buddhismus vom Ursprung her in wechselseitiger Abhängigkeit. Erleuchtung ist also nichts Gutes in Unterscheidung zum Bösen. Erleuchtung realisiert mein Sein noch vor der Dualität von Gut und Böse. Die Priorität des Guten vor dem Bösen ist ein ethischer Imperativ, aber keine seinshafte Wahrheit."

„Wenn das Christentum den einen Gott als Lenker des Universums und der Geschichte hervorhebt, bedeutet dies nicht nur etwas Ontologisches, sondern zugleich etwas Werthaftes. Christlich fragt man also nicht einfach nur nach Sein oder Nicht-Sein, sondern: Was habe ich als menschliches Wesen zu tun? Richtigkeit und Wahrheit sind erst dann ganz begriffen, wenn sie als Aspekt der Liebe erscheinen; denn Gott ist im christlichen Verständnis nicht primär das einzige göttliche Sein, sondern der personale Gott, der die Welt regiert und den Menschen anruft, seinen Weisungen zu folgen. Im Zen hingegen steht der ontologische Aspekt, die Frage nach Sein und Nicht-Sein, nach Leben und Tod mehr im Zentrum als die Frage nach Gut und Böse."

In der anschließenden Diskussion geht es um „Nichtigkeit". Professor Abe führt einen Hörer durch ständiges Rückfragen in das Dilemma hinein, daß man sein eigenes Selbstbewußtsein nur aussprechen kann, indem man es „objektiviert", sich von ihm trennt, womit es nicht mehr „selbst" ist: „Ein objektiviertes Selbst aber ist niemals das wahre Selbst. Das wahre Selbst ist als unobjektivierbar kein ‚Etwas‘, was immer damit gemeint ist, sondern ein ‚Nichts‘. In diesem Sinn ist ‚Nichtigkeit‘ nicht einfachhin negativ, sondern eher positiv; denn sie bezeichnet die wahre Subjektivität. Wenn wir die letzte Realität oder das totale Verständnis der Realität erreichen wollen, müssen wir also das Denken und Objektivieren überschreiten. Das nun meint die nicht-begriffliche, unmittelbare Realisation des Selbst."

„Wahre Nichtigkeit liegt hinter der negativen Nichtigkeit, die sich vom ‚Etwas-Sein‘ absetzt. Die positive ‚Nichtigkeit‘ ist weder nichts noch etwas, sondern umgreift beides. Es ist keine reine

Leere, sondern Fülle als Wurzel und Quelle von Sein und Nicht-Sein."

Auf die Frage, „ob der Begriff Nichtigkeit ersetzt werden könne durch Freiheit; sie sind frei von sich Selbst", antwortete Abe: „Nicht frei von etwas; da ist ja noch Dualität." Doch als zurückkommt: „Im Christentum können wir von Freiheit als völliger Offenheit sprechen", stimmt er zu. Das wäre ein besseres Wort: „Der Mensch ist völlig offen. Damit ist er leer. Nicht etwas, sondern Nichts. Das Nichts ist nicht außerhalb von mir. Ich bin Nichts, und Nichts ist Ich."

„Christentum nimmt seine Rechtfertigung aus der Idee des einen Gottes, der ein lebendiger, personaler Gott und von solchem Ethos ist, daß er den Menschen trotz seiner Sündigkeit durch grundlose Liebe rechtfertigt. Zen muß mehr über diesen Grund des christlichen Glaubens an Gott lernen."

– *Subjektivität und Ethos.* Dreierlei ist an diesen Ausführungen bemerkenswert.

Einmal die Hinführung zu dem (zen-)buddhistischen Begriff der „Nichtigkeit" (nirvana?), der im hermeneutischen Zirkel des Selbstbewußtseins ruht – ein oft bedachtes philosophisches Problem, mit meditativ-mystischem Tiefgang. Es ist beeindruckend, mit welcher Demut Abe diese Frage: Wer bin ich? behandelt.

Das Zweite ist die Charakterisierung der Haltung zum Ich als „Offenheit". Was Abe einmal ausdrücklich feststellt, prägt alle seine Sätze – besonders wenn man sie unverkürzt liest (hier liegt nur etwa ein Achtel des Vortrags vor).

Das Letzte ist die überraschende Feststellung Abes, daß in der christlichen Vorstellung des Absoluten das „Ethische" eine zentralere Rolle spielt als in der Seins-Philosophie des (Zen-)Buddhismus. Das der Angelpunkt des Gesprächs: Der Gott des Christentums kann nicht losgelöst vom Ethischen auf einer neutralen Seins-Ebene abgehandelt werden. Entscheidung, Moral, Liebe, das Gute usw. sind auch konstitutiv für die christliche Mystik. Wo dies ausgeblendet wird, muß das Gespräch zwischen Christentum und (Zen-)Buddhismus versanden. Nur-Empirie/Erfahrung und Nur-Logik/

Einsicht bleiben stumm, bis sie getragen werden von Wollen/Liebe, Martin Buber könnte sagen: von personaler Beziehung. Erst auf dieser Ebene wird die Wirklichkeit des wahren Gottes sichtbar. Daß dies eine christliche Selbstverständlichkeit ist, muß nicht betont werden; daß aber dies von Abe so deutlich Herausgestellte im Gespräch mit dem Zen-Buddhismus kaum gesehen wird, muß verwundern.[36]

d) Mystik und Mysterium. Zum Abschluß darf gefragt werden: Gibt es (vorweltanschauliche) Hinweise (sicher keine meßbaren Kriterien), ob eine „mystische Erfahrung" in Natur und Selbst steckenbleibt oder ob sie zu Gott führt? Gibt es Unterscheidungsmerkmale für Carl Albrechts Umfasstsein vom ständig-Ankommenden, für die Faszination Lucie Christines vor dem Geheimnis Gottes, für die Verwirklichung von Ruusbroecs „Fließen der Minne" und „immerwährendem Begehren", für Martin Bubers Beziehung? Das Existental „Offenheit" scheint am Weg zur Gottesmystik zu stehen. Doch leichter ist negativ zu sagen: Eine Mystik, die abschließt, als sei sie „Besitzerin" oder schon am Ziel, als habe sie zur Meisterschaft gebracht, schließt ab gegen Gott. Gottesmystik bleibt stets auf das Geheimnis hin unterwegs. Der menschlichen „Offenheit" entspricht auf der Seite des lebendigen Gottes sein ewiges, alles umgreifendes Geheimnis. Mystik, die das Mysterium auflöst, verfehlt Gott. Das ist parallel zur zwischenmenschlichen Begegnung, die auch freie Offenheit und bergendes Geheimnis braucht. Für die Gottesmystik aber ist es bleibende Struktur: Ihr Anfang ist niemals Technik und Manipulation, ihr Ziel niemals Stillstand und Ruhe.

Dazu ein Satz, mit dem sich Bischof Fénelon[37] in seiner „Abhandlung über Gottes Dasein" an Gott wendet: „Ich verbringe mein Leben damit, Deine Unendlichkeit zu betrachten; ich schaue sie

---

[36] Vgl. H. Waldenfels, Absolutes Nichts, Zur Grundlegung des Dialogs zwischen Buddhismus und Christentum, Freiburg 1976, mit Ausführungen über das Denken Abes, z. B. 92–98

[37] F. Fénelon, Abhandlung über Gottes Dasein, nach H. de Lubac, Sur les chemins de Dieu, Paris 1966, 169.

und kann nicht daran zweifeln. Aber sobald ich etwas begreifen will, entgehst du mir; Du bist es nicht mehr, ich falle zurück in meine Endlichkeit. Was ich schaue, genügt, um mein Wissen tadelnd zu korrigieren; es bleibt stets weniger als Du. Aber kaum habe ich mich erhoben, bringt mich meine Trägheit wieder zu Fall."

VI. Mystische Weltformel oder Geheimnis Gottes

Mystik sucht Einheit, sucht in ihr das Geheimnis des Göttlichen. Dazu Gregor der Große[1]: „Er stets in allem, Er außerhalb allem, Er über allem, Er unter allem. Gegenüber jedwedem erhabener in seiner Macht, niedriger als tragendes Sein, äußerlicher durch seine Größe, innerlicher, weil alles subtil durchziehend; von oben herrschend, von unten tragend, von außen umfassend, von innen durchdringend. Und Er ist nicht hier höher, dort niedriger; oder hier außen, dort innen; sondern als ein und derselbe ist Er Erhalter, weil stets vor allem daseiend: und stets vor allem daseiend, weil Alles-Erhalter. Als ein und derselbe durchdringt Er alles es umfassend und umgibt alles es durchdringend."

Auch die „Neue Religiosität", „New Age", sucht Einheit, sieht das Krebsübel unserer Zeit in der Zerstückelung; in den wissenschaftlichen Analysen ohne Synthesen, im Kampf für das Eigene ohne Blick aufs Ganze; eine Entwicklung, die alles durchzieht, führt anscheinend quantitativ, wissend zur Einheit, vergrößert aber qualitativ die Unterschiede.

Der Mystiker aber erfahre die Einheit des Ganzen. Er soll daher Vorbild von Wissenschaft und Kultur werden. Seine Einheitsschau müsse den Wissenschaftsbetrieb befruchten. Von zwei Seiten ist also die Frage zu stellen, von den heutigen Wissenschaften und von der Mystik her: Was meint die „Intuition" des „Einen"? Hier geht es um das Anliegen der Mystik.

1. Vieldimensionale Erfahrung des einen Gottes

Mystische Erfahrung hat mit Einheit zu tun, steht aber nicht unter dem Diktat von „Einheit". Hildegard von Bingen schaute das *eine* Walten Gottes in der Fülle von Bildern. Eckhart fand in der Seins-

---

[1] Gregor der Große, Moralia in Job I,II,12.

Einheit die Spannung Ursprung und Geschenk. Teresa von Avila wie Martin Buber erleben im bleibenden Zweisein die *„eine"* Liebe. Die „Negative Spiritualität" des Johannes' vom Kreuz und des Dionysios', des Areopagiten, sind Proteste gegen die Reduzierung von Mystik auf bloße *Einheit* des Seins.

a) Ignatius von Loyola[2] erfuhr die mystische Einheit mit Gott in lebensgeschichtlicher Differenzierung.

Bei La Storta vor Rom erfuhr er 1537 den göttlichen Auftrag: „Es komme ihm vor, als habe ihm Gott der Vater diese folgenden Worte ins Herz eingeprägt: ,Ich werde euch in Rom gnädig sein.' Es habe ihm geschienen, als ob er Christus mit dem Kreuz auf der Schulter sehe." Aus Carl Albrechts Definition lassen sich „Versunkenheits-bewußtsein/Ekstase" und auch „Ankommen" verifizieren; aber das „Umfassende/Eine" scheint zu fehlen; – doch dies nur, wenn man die Abstraktheit der „Definition" Albrechts mit dem Reichtum der Wirklichkeit verwechselt. Auf dem Hintergrund des Lebens zeigt gerade diese Erfahrung des Ignatius ihre „umfassende" Weite. Sie formt das Programm, „die ganze Welt und alle Feinde zu erobern und so in die Herrlichkeit meines Vaters einzutreten". Diese mystische Erfahrung bezog Ignatius als ganzen Mensch ein in die Weite des all-umfassenden Gottes. Im charakteristischen Auftrag dieses Heiligen wird sie zum „missionarischen Engagement". Jesus Christus wird gleichsam „Motor", an der von Gott gewollten Einheit der Schöpfung mitzuarbeiten.

1522 erlebte der eben bekehrte Edelmann im katalanischen Manresa eine Flut von mystischer Begnadung. Alle Einzelbeschreibungen bezeugen die Weite, das Umfasstwerden, die Einheit, in der alles geborgen ist und aus der alles hervorgeht. Ignatius erfuhr, „wie unser ganzes ewiges Gut in allen geschaffenen Dingen ist, indem es allen das Sein gibt und sie darin bewahrt durch unendliches Sein und Gegenwart", Gott als ewiger und bleibender Uranfang von allem. Anders und doch im Grundzug gleich durchzieht eine Gotteserfah-

---

[2] Zitate nach M. Zechmeister, Mystik und Sendung, Ignatius von Loyola erfährt Gott, Würzburg 1965, 85, 33–44, 127; und Ignatius von Loyola, Geistliche Übungen und erläuternde Texte, Graz, 1978, Nr. 95.

rung die letzten Jahre des Heiligen wie ein Basso continuo. Er lebte in Gottes Gegenwart und zugleich wuchs die Ehrfurcht vor Gottes Geheimnis. Sein engster Vertrauter P. Nadal schreibt: „Wir wissen, daß unser Vater Ignatius die einzigartige Gnade von Gott empfangen hat, sich in der Schau der Heiligsten Dreifaltigkeit ungehindert bewegen und in ihr ruhen zu können." Die christliche Tradition spricht hier von Gottes Geist, „in dem wir leben, uns bewegen und sind" (Apg 17,28).

b) Eindimensionalität als Grundversuchung. Gotteserfahrung hat sich im Leben des Ignatius als Erfahrung des Dreifachen ausgelegt; die drei Höhepunkte spiegeln die Einheit Gottes als „Sohn", als „Vater", als „Geist". Ähnliches fanden wir bei Teresa von Avila, wie überhaupt die Mystiker – innerhalb wie außerhalb des Christentums – erfahren, daß mystische Einheit keinen Gegensatz zum Reichtum und zur Vieldimensionalität bedeutet. Das zeigt sich mannigfach: an der sinnenhaften Konkretheit der Erfahrung (bis zur Vielheit von Göttern, Mächten, Gewalten, Geistern); an der Kontinuität von Erfahrung zum sozialen Engagement; am Gegenüber der Begegnungsmystik. Vielheit ist kein „Abfall" von der Einheit, sondern Synthese des Einswerdens. Die Reduktion der Einheit auf Eindimensionalität ist die mystische Versuchung.

2. Mystische Weltformeln – gestern und heute

In großen Weltformeln, die in allen Weltanschauungen entstehen, hat sich diese Frage nach der „Einheit" niedergeschlagen.

a) Physik und Transzendenz. Hans-Peter Dürr[3], Leiter des Max-Planck-Instituts für Atom-Physik und Träger des alternativen Friedens-Nobel-Preises, beginnt sein Buch über „Physik und Transzendenz", das Texte prominenter Atomphysiker zur Thematik zusammenträgt: „Das die Welt beobachtende Ich-Bewußtsein

---

[3] H.-P. Dürr, Physik und Transzendenz, Bern 1986, 7, 13f.

und das mystische Erlebnis der Einheit charakterisieren komplementäre Erfahrungsweisen des Menschen. Sie führen einerseits zu einer kritischrationalen Einstellung, andererseits zu einer irrational mystischen Grundhaltung. In der abendländischen Geschichte stehen diese beiden unterschiedlichen Grundhaltungen in einem ständigen fruchtbaren Wechselspiel." Er zitiert Albert Einstein: „Naturwissenschaft ohne Religion ist lahm. Religion ohne Naturwissenschaft blind."

– „*Wendezeit*". Fritjof Capra[4] hat dazu eine Synthese von frappierender Einfachheit entwickelt: „Im zwanzigsten Jahrhundert hat die Physik mehrere gedankliche Revolutionen erlebt, die eindeutig die Grenzen ihrer mechanistischen Weltanschauung offenbaren und zu einer organischen, ökologischen Sicht der Welt führen, die große Ähnlichkeit mit den Anschauungen der Mystik aller Zeitalter und Überlieferungen aufweist. Das Universum wird nicht länger als große Maschine angesehen, sondern als harmonisches, unteilbares Ganzes, als ein Netz dynamischer Beziehungen, die den menschlichen Beobachter und sein Bewußtsein einbeziehen." Besonders die Atomphysik sprengt das Wissenschaftsideal der exakten Begriffe: „Immer wenn das Wesen der Dinge vom Intellekt analysiert wird, erscheint es absurd oder paradox. Wie die Mystiker hatten es die Physiker jetzt mit einer nicht an die Sinneswahrnehmungen gebundenen Erfahrung der Wirklichkeit zu tun, und wie die Mystiker waren sie jetzt mit den paradoxen Aspekten dieser Erfahrung konfrontiert."
Eine Erfahrung „kosmischer Mystik" vom Sommer 1969 ließ ihn endgültig die „tiefreichende Harmonie zwischen zwei Weltanschauungen" erkennen: „So kommen die Mystiker und der Physiker zur selben Schlußfolgerung." Die „materiellen Strukturen" des

[4] F. Capra, Wendezeit, Bausteine für ein neues Weltbild, Bern 1983, mit vielen Auflagen, 46, 331; Vom Tao der Physik, Die Konvergenz von westlicher Wissenschaft und östlicher Philosophie, Bern 1984 (in einer vorangehenden Form erschienen als: Der kosmische Reigen, Physik und östliche Mystik – ein zeitgemäßes Weltbild); Das Neue Denken, Aufbruch zum neuen Bewußtsein. Die Entstehung eines ganzheitlichen Weltbildes im Spannungsfeld zwischen Naturwissenschaft und Mystik, Bern 1987. 32, 46.

Universums sind nicht dessen primäre Wirklichkeit. „Alle seine Strukturen – von den subatomaren Teilchen bis zu den Galaxien und von den Bakterien bis zu den Menschen – sind Manifestationen der Selbstorganisations-Dynamik des Universums, die wir mit dem kosmischen Geist identifiziert haben. Das ist fast schon eine mystische Anschauung. Der einzige Unterschied besteht darin, daß Mystiker größten Wert auf die unmittelbare Erfahrung des kosmischen Bewußtseins legen", während die wissenschaftliche Forschung über mühsame Experimente und Überlegungen dorthin kommt. Die Realisation dieser eigentlichen Welt ist das Programm von New Age, ist die Rettung der Welt vor dem Untergang.

Capra will alle Wissenschaften einbeziehen und beruft sich als Atomphysiker auf Heisenberg, daß die letzte Wirklichkeit nicht mehr mit eindeutigen Festlegungen (Substanz, Materie, Zeit, Fixierung, Beobachtbarkeit usw.) zu fassen sei; die Formel der „Unschärferelation" ist das „Quanten-Koan".

Die „bootstrap"-(Stiefelschlaufe)-Theorie (Alles ist mit allem verbunden; im kleinsten Teil findet sich das Ganze) ist ein beliebter Ausdruck dieser organischen, „holistischen" Auffassung von Wirklichkeit. Der Sündenfall des Menschen ist das Trennen, Quantifizieren, Aufteilen in Raum- und Zeit-Einheiten und der Versuch, dies intellektuell zu fassen.

– *Kritisches Befragen.* Daß Fritjof Capra den Reichtum der mystischen Erfahrung auf einen einzigen abstrakten Strang reduziert, muß nach dem bisher Gesagten nicht mehr gezeigt werden. Ähnlich werden aber auch die Fragen der Atomphysik vereinfacht und damit verstellt, so daß Capras Thesen, wie er selbst beklagt, unter den Kollegen unbeachtet bleiben.

Hans-Peter Dürr hat in einem Münchener Vortrag vom 21.3.1987[5] die rundum akzeptierte Wirklichkeitssicht der Atomphysik völlig anders dargelegt: „Meist beobachten wir nicht mehr direkt die

[5] H.-P. Dürr, Naturwissenschaft und Wirklichkeit, Zum Selbstverständnis der heutigen Naturwissenschaft; Zitate nach Mitschnitt; vgl. jetzt: Das Netz des Physikers, Naturwissenschaftliche Erkenntnisse in der Verantwortung, München 1988.

Natur, sondern verwenden dazu immer komplizierter werdende Geräte. Sie wirken wie überlange Stöcke, die uns erlauben, weiter vorzufühlen, Entfernteres zu berühren, stärker auszuholen, – die andererseits aber gerade wegen ihrer großen Länge sich zwischen uns und die Natur schieben und bewirken, daß uns der unmittelbar tastende Kontakt, das Fingerspitzengefühl für die Erfassung der Wirklichkeit im Ganzen verloren geht." Mit wachsender Genauigkeit der Einzelbeobachtung wächst die Distanz zur vollen Wirklichkeit.

Noch klarer ist das zweite Bild: Der Naturwissenschaftler gleiche einem Fischkundigen, der feststellt: „Grundgesetz Nr. 1. Alle Fische sind größer als fünf Zentimeter; Grundgesetz Nr. 2. Alle Fische haben Kiemen." Der „Metaphysiker" aber meint: „Es gibt im Meer sehr wohl Fische, die kleiner als fünf Zentimeter sind; aber diese kannst du mit deinem Netz einfach nicht fangen, da dein Netz die Maschenweite von fünf Zentimeter hat." Der Ichthyologe antwortet: „Für mich gilt, was ich nicht fangen kann, ist kein Fisch." Der Erkenntnistheoretiker gibt ihm zwar hierin Recht: Warum nicht als Realitätssprinzip aufstellen: Fisch ist nur, was fangbar ist mit den 5-Zentimeter-Maschen des Netzes? Aber das ist „dein" Gesetz. Vielleicht gibt es auch Fische ohne Kiemen?

„Die Naturwissenschaft (handelt) nicht von der eigentlichen Wirklichkeit der ursprünglichen Welterfahrung, sondern nur von einer bestimmten Projektion dieser Wirklichkeit", „von dem Aspekt, den man nach Maßgabe detaillierter Anleitungen in Experimental-Handbüchern durch gute Beobachtung (aus der Wirklichkeit) herausfiltern kann."

Je feiner, differenzierter die Methoden der Naturwissenschaft werden, desto schwächer wird der Wirklichkeitskontakt; die Stangen werden immer länger. Der Ichthyologe-Naturwissenschaftler erkennt immer weniger vom „Was" des Fischs (da bin ich ihm als Esser voraus), erreicht nur noch ein funktionales „Wie". Die „Instrumente" des Naturwissenschaftlers (das Netz des Ichthyologen) sind zwar der Natur angepasst (dem Zweck des Fangens). Und darauf beruht der Erfolg. Aber je feiner sie arbeiten, desto mehr wird aus dem „Was" (ist die Welt) ein „Wie" (gehe ich damit um).

Heisenbergs Relations-Formel ist nicht näher, sondern weiter weg von der Wirklichkeit als die Weltformel Einsteins.

„Vielfach ist aber das Wirklichkeitsverständnis der Naturwissenschaftler noch sehr von der Vorstellung des neunzehnten Jahrhunderts geprägt, nach der eine genaue Kenntnis des augenblicklichen Zustandes der Welt in Verbindung mit einer exakten Kenntnis der Naturgesetze zu einer scharfen Bestimmung aller zukünftigen Ereignisse führt." Das gilt auch für Capra – nur daß er „Naturgesetze" dynamisch faßt und „Kenntnis des augenblicklichen Zustandes" intuitiver begründet.

Der Weg, den Capra und viele mit ihm gehen, führt in Neuland, das begangen werden muß; aber die Richtungsweiser müssen viel genauer und behutsamer gesetzt werden.

b) Psychologie und Mystik des Selbst. Psychologie ist wohl der wichtigste Umschlagplatz für moderne Weltformeln.

– New-Age-Psychologie. Der psychologische Zugang zur „Neuen Mystik" leuchtet am meisten ein. Stanislav Grof[6] beschreibt ihn als „Das Abenteuer der Selbstentdeckung".

Er beobachtet sorgfältiger als Fritjof Capra, nimmt das Christentum mit seiner reichen mystischen Tradition bewußt wahr; er urteilt auch vorsichtiger und weiß, daß sogenannte Reinkarnationserfahrungen „nicht als eindeutige Beweise für die Kontinuität einer eigenständigen individuellen Existenz über mehrere Leben hin" gelten dürfen, wobei die Möglichkeit persönlicher Reinkarnation „von einem unvoreingenommenen und informierten Wissenschaftler" ernstzunehmen sei.

Grof stellte fest, daß bewußtseinserweiternde Drogen wie LSD keine neuen Inhalte geben, sondern Vorliegendes intensivieren und Verborgenes in die Erfahrung hineinheben. Mit entsprechenden Methoden (was er heute „holotrope Atemtherapie" nennt, wirkt blaß) möchte er ins Bewußtsein eindringen. Zuerst werden die

---

[6] S. Grof, Heilung durch veränderte Bewußtseinszustände. Ein Leitfaden, München 1987, 124, 20–24, 63, 69, 324, 319 (Eine gute Zusammenfassung seiner bisherigen Veröffentlichungen).

Sinnesorgane aktiviert. Dann stößt die Analyse/Therapie mit Freudschen und ähnlichen, mehr ganzheitlichen Methoden zur „analytisch-biographischen Ebene und zum persönlichen Unbewußten" vor. Dort weitet sich der Erfahrungsraum: „Perinatale" Bewußtseinsebenen, d. h. Erinnerungen an den Geburtsvorgang, tauchen auf. Das von Sigmund Freud im Anschluß an Romain Rolland so genannte „ozeanische" Gefühl der Mystiker beruhe auf der Erinnerung an die Geborgenheit im Mutterleib. Der Geburtsvorgang hingegen präge Ängste (= eng), Verteidungshaltungen usw. ein, die sich im Erwachsenenleben als Höllenfurcht usw. auswirken.

Dann wird das Individuell-Persönliche überschritten: „Die perinatale Ebene des Unbewußten ist eindeutig eine Berührungsfläche zwischen dem biographischen und dem transpersonalen Bereich oder zwischen dem persönlichen und dem kollektiven Unbewußten." Es ist die Ebene von Leben und Tod. Die Wiedergeburtserlebnisse, Ängste reichen in die Urzeit der Menschheit hinein; Raum und Zeit versinken in „planetarischen" und „außerirdischen Erfahrungen", werden zur „Identifikation mit dem gesamten physikalischen Universum"; die „Selbstmystik" weitet zur „kosmischen Mystik".

Von hier aus kritisiert Grof die „etablierten Religionen": Sie „vertreten in der Regel eine Vorstellung von Gott, wonach das Göttliche eine Kraft ist, die sich außerhalb des Menschen befindet und zu der man nur durch die Vermittlung der Kirche und der Priesterschaft Zugang gewinnen kann. Im Gegensatz dazu erkennt die Spiritualität, die sich im Prozeß einer tiefgehenden Selbsterforschung offenbart, Gott als das Göttliche im Menschen. Mit Hilfe verschiedener Techniken, die den unmittelbaren erlebnismäßigen Zugang zu transpersonalen Wirklichkeiten vermitteln, entdeckt man seine eigene Göttlichkeit. Bei spirituellen Übungen dieser Art sind es der Körper und die Natur, die die Funktion des Gotteshauses übernehmen."

Die christliche Tradition stehe aber auf einer Ebene mit der „vom mechanistischen Weltbild bestimmten Psychiatrie und Psychologie, die unfähig sind, einen Unterschied zu machen zwischen den

engstirnigen und dogmatischen religiösen Überzeugungen der großen institutionalisierten Religionen und der tiefen Weisheit der großen spirituellen Philosophen und mystischen Traditionen..."
Auf Grund dieser „Erfahrungen" sei eine „holotrope" (d. h. sich dem ganzen zuwendende) Weltsicht vonnöten, im Gegensatz zur unerleuchteten „hylotropen" (sich dem Materiellen, dem Gegenständlichen, dem Alltäglichen zuwendenden) Weltanalyse. Mystik ist zur Immanenz des Göttlichen geworden.

– *Kritisches Befragen.* Vieles wurde schon berührt. So der willkürliche Umgang mit den Tatsachen der mystischen Tradition. Im „Schamanismus" (der Urquelle der großen Religionen außerhalb der Abrahamreligionen) sind die „Schamanen" Mittler(!) zum Göttlichen und im Hintergrund steht (wenn auch oft verdrängt von magischer Betriebsamkeit) ein transzendenter Schöpfergott. Mircea Eliade nennt es[7] „Urideologie, den Glauben an ein Höchstes Himmelswesen, mit dem man durch den Aufstieg zum Himmel direkte Beziehungen unterhalten kann", worauf die „Schamanen" spezialisiert waren.
Und damit gibt es Ritus, Brauchtum, Institution. Das „Spirituelle" ist keine Privatangelegenheit; es vollzog sich im Stamm, in der Gemeinschaft. Sobald eine religiöse Erfahrung in die Gemeinsamkeit, ins Soziale eintritt, bekommt sie rituelle, institutionelle Züge. Grofs Klage über die fehlende soziale Kraft von New Age charakterisiert dessen Defizit.
Mit dem Ausfall des „Ankommens eines Umfassenden" fehlt Grofs Mystik genau das, was in Carl Albrechts behutsamer Analyse eigentlich Mystik ausmacht.

– *Zur sogenannten „gegenstandslosen" Erfahrung.* Dagegen wird auch in christlichen Kreisen gehalten, daß die „gegenstandlose" Selbsterfahrung Gotteserfahrung[8] impliziere: „Sein wahres Selbst finden, heißt göttliches Leben finden. Alle haben am gleichen

---

[7] M. Eliade, Schamanismus und archaische Ekstasetechnik, Frankfurt 1985, z. B. 8, 18, 44, 128 f, 240, 264, 266, 361, 460 f; zitiert ist aus der Schlußpassage 466.
[8] W. Jäger, Kontemplation, Gottbegegnung heute, Salzburg 1982, 50 f.

Leben teil. Wird daher das wahre Selbst erfahren, erfährt man göttliches Leben."

Arthur J. Deikman[9], der im Umkreis der New-Age-Bewegung und „transpersonalen Psychologie" steht, analysiert diese Erfahrung anders. Er spricht von „Entschränkung". Intensive Methoden können alle „gegenständlichen Inhalte" aus dem Bewußtsein entfernen und damit „das Auftauchen des intuitiven Bewußtseins, auch Nirwana, Erleuchtung oder Wahrheit genannt", ermöglichen.

Aber ist damit der „Grund des Seins", das „Göttliche" erreicht oder nur das leere, gegenstandslose Bewußtsein, das in sich ruht? Der Mensch steht hier vor der Paradieses-Versuchung: sein Selbst mit Gott zu verwechseln.

Der durch die japanische Zen-Schule gegangene Jesuit Klaus Riesenhuber[10] bringt eine saubere Analyse, hoffend, daß „das spirituelle Erbe Indiens, Chinas und Japans heute, nachdem es sich in einem zunehmend säkularisierten Asien nur noch mit Mühe halten kann, in christlicher Spiritualität zur Erfüllung seiner Intentionen gelange": „Werden die negativen Aussagen der Zen-Metaphysik (und Nichts-Erfahrungen der Zen-Meditation) daher nicht als Setzungen negativen Sinnes an sich, sondern hinsichtlich des Endlichen als Aufweis von Kontingenz, hinsichtlich des Letzten als Anweisung zur Selbstkritik für das Denken verstanden, so öffnet sich aus der christlichen Tradition ein weiter Raum von Verständnismöglichkeiten für das Denken des Zen."

Wird die Erfahrung der Leere, des In-Sich-Ruhens, der Ungegenständlichkeit nicht als abgerundetes Ziel, als Sein oder gar als das Göttliche, sondern als Offenheit für Weiteres (Kontingenz) und als Demut (Selbstkritik) verstanden, so öffnet sie sich zum wahren Gott. Zur mystischen Erfüllung kommen solche Erfahrungen dort, wo sie „in einen sie übergreifenden Sinnzusammenhang eingeordnet, in dem die letzte Wahrheit in geschichtlicher Tat an den Menschen herantritt, wie dies vom christlichen Verständnis der

[9] A. J. Deikman, Die Erweiterung des menschlichen Bewußtseins, Reinbeck, 1986, 154–157.
[10] K. Riesenhuber, Zum Verständnis ungegenständlicher Meditation, in: Internationale katholische Zeitschrift, Communio, 15, 1986, 321, 325 f.

Offenbarung her zu denken ist". Das ist Jesus. Die „christliche Einordnung begrenzt jeden voreiligen Anspruch, der ungegenständliche Meditation als Heilsweg absolut setzt und damit in sich verschließt, was gerade ihrer wesenhaften Offenheit zuwiderläuft." Die Selbsterfahrung im Zen ist in sich gesehen nur Bereitung, nur Offenstehen für das Größere Gottes, für Jesus.

c) *Inflation des Mystischen.* Eine Zusammenfassung des über Mystik Gesagten muß der Breite und der Differenziertheit des damit Gemeinten gerecht werden.

– *Mystik – leicht hingesagt.* In heutigen Veröffentlichungen wird „Mystik-mystisch" immer häufiger für Beliebiges gebraucht – im negativen oder auch positiven Sinn. Dies trifft nicht unser Interesse.

– *Mystik als Schritt über das Rationale.* In diesem Sinn hat H. D. Zimmermann seine Textauswahl zusammengestellt. Wie wenig es genügt und wie sehr dadurch das eigentliche Phänomen der Mystik verstellt wird, wurde gezeigt.

– *Mystik als Para-Mystik.* Das meint die „Begleiterscheinungen der Mystik". Es ist für diese Klassifizierung nicht notwendig zu wissen, ob es sich um Phänomene von parapsychologischer Natur handelt oder ob das Feld weiter abzustecken ist. Die „meditative" Bereitung für die Gottesmystik entbindet oftmals entsprechende menschliche Begabungen.

– *Mystik als Bereich des Archetypischen.* Dieser Phänomenbereich verbindet den vorangehenden mit dem folgenden. Die Bedeutung für die eigentliche Gottesmystik liegt darin, daß jede Erfahrung, auch die mystische, mitgeprägt ist von der Bewußtseinstiefe des Erfahrenden.

– *Mystik als Natur- und Selbsterfahrung.* Sie steht noch näher zur Gottesmystik und ist noch schwieriger davon zu unterscheiden. Ludwig Blosius[11] (1506–1566) zeigt die enge Verknüpfung: „Für-

---

[11] Nach M. Sandäus, Pro theologia mystica clavis, Köln 1540; Neudruck Louvain 1963, Artikel: „speculari-speculum".

wahr, wie die sichtbare Sonne ihr Licht notwendig in den Spiegel, der ihr gegenübersteht, ergießt und so ihr eigenes Bild ausformt, so wird die reine und von Behinderungen freie Seele von den leuchtenden Strahlen der unsichtbaren Sonne getroffen und leuchtet in ihr wunderbar auf das Bild der göttlichen Sonne."

– *Mystik als Gotteserfahrung.* Das ist das Herz der Mystik. Christlich wurde es oft, wie Urs von Balthasar zeigt, in plotinischer Materie-Feindlichkeit gegen leibliche Konkretheit abgeschirmt. Damit verknüpft sich noch Verhängnisvolleres: die Abschirmung gegen den Reichtum Gottes (seine Mehr-Dimensionalität). Gottes Dreifaltigkeit wurde gegenüber seiner Einheit vernachlässigt. Das führte in der Mystik auf manche Irrwege. Der Reichtum christlicher Gotteserfahrung, den wir bei Ignatius von Loyola fanden, ging verloren.

3. *Einheit in Unterschiedenheit – Der wahre Gott*

Teilhard de Chardin schrieb oft zur Frage der Mystik: „Einigung personalisiert", bestärkt die Eigengestalt der Partner. Es ist die Frage seines Lebens. Sein Freund, der jetzige Kardinal de Lubac[12] schildert sein Suchen: „Schon früh hat er sich als das ,Atom' gefühlt, ,das auf dem Grunde seiner selbst das Antlitz des Universums entdeckt'. Man hätte erwarten können, daß er seiner ,pantheistischen Neigung' nachgegeben hätte. Doch war ihm zugleich klar, daß die gesuchte Fülle immer ,jenseits davon' liegen würde. In der Folgezeit führte ihn dann seine Entdeckung der allgemeinen Evolution mit ihrem Gesetz von der ,wachsenden Komplexität' dazu, den personalisierten Geist immer ,voraus' zu suchen. Unter allen diesen verschiedenen Elementen bildete sich eine übergreifende Synthese, da alle diese Strahlen auf den Gott seines christlichen Glaubens hin konvergierten: ,Meine höchsten Hoffnungen, die weder der Pantheismus des Orients noch der des Okzidents befriedigen konnte, erfüllt der Glaube an Jesus.'"

[12] H. de Lubac, Teilhard de Chardins religiöse Welt, Freiburg 1969, 230 f; die Teilhard-Zitate nach Teilhard de Chardin Lexikon I., aaO. 232–245.

Teilhard las am Evolutionsprozess ab: „Wahre Einigung differenziert." Je dichter sich das Materielle im Kristall, im lebendigen Organismus, im vitalen Leben, im personalen Dasein sammelt, desto differenzierter wird die Gestalt der „Einung". Den Gipfel hat dieser Einungsprozeß in der Liebe: „Wir werden nur voranschreiten, in dem wir uns vereinen: Das ist das Gesetz des Lebens. Eine Zwangsvereinigung aber läßt eine bloß oberflächliche Pseudo-Einheit entstehen. Nur die Einswerdung durch Einmütigkeit ist biologisch." Liebe aber heißt immer „Exzentration. Sich vereinigen heißt aus sich auswandern und teilweise im Geliebten sterben."

Das Zentrum aber, in das hinein die ganze Menschheit sich „exzentriert", fand Teilhard in Jesus Christus: „Aus welcher Quelle werden letzten Endes die menschlichen Zweige ebenso wie die Individuen die Lust daran schöpfen, einander anzunehmen und zur Einheit in der Freude mitzuziehen? Aus der Quelle eines wachsenden Hingezogenseins zum Bewußtseinszentrum, in dem ihre Fasern und ihre Strahlenbündel sich vollenden müssen, in dem sie sich vereinen. Jetzt, Herr, gewinnen durch die Konsekration der Welt der im Universum schwebende Schein und Duft für mich Leib und Gesicht in dir."

Teilhards Mystik überspringt großzügig viele Detailfragen. Aber die tiefe Humanität und Christlichkeit seiner Vision ist prophetisch. Das hat auch Hans Urs von Balthasar[13] zu einem positiveren Urteil über den Franzosen geführt. Wenn immer man über christliche Einheitsmystik nachdenkt, ist seine grandiose Vision mitzubedenken.

Ihre wichtigste Weiterführung wird der Versuch sein, in der „Mehrdimensionalität" Gottes den Grund für den Reichtum der Weltwirklichkeit zu erahnen. Denn auch für Gott und für ihn vor allem gilt: Einheit differenziert, personalisiert.

a) *Jesus Christus – Gottes Ansprechbarkeit.* In der historischen Person des Rabbi von Nazaret fand Teilhard die Einheits-Fülle Gottes wieder: Welt-Immanenz (der Mensch in der Mannigfaltig-

---

[13] H. U. v. Balthasar, Theologik III, 1987 Einsiedeln, 42.

keit des Geschöpflichen) verbindet sich mit der Welt-Transzendenz, der schöpferischen Einheit Gottes.

– *Geschichtliches.* Die Gestalt Jesu Christi ist Kristallisationspunkt und Kriterium der christlichen Mystik. Die Glaubensmeditation (bis 451, Chalcedon) fand in dem Menschen Gottes personale Gegenwart: „Unser Herr Jesus Christus. Der eine und selbe ist vollkommen der Gottheit und vollkommen der Menschheit nach, wahrer Gott und wahrer Mensch."[14]

– *Und die Mystik* sollte in ihm nicht nur Gottes unwiderrufbare Ansprechbarkeit, die im innergöttlichen Gespräch gründet („mein Vater – euer Vater"), verehren; sie sollte ebenso die in ihm „exzentrierte" Einheit des Kosmos erfahren. Die innige Christusmystik Teresa von Avilas und die kosmische Christusmystik, die schon in den paulinischen Gefangenschaftsbriefen aufscheint, meinen den einen Herrn.

b) Heiliger Geist – Gottes Allgegenwart. Der Jesus-Glaube führt nach biblischem Zeugnis zur Erfahrung des Geistes – der „mich" öffnet für Gott, der „uns" eint in der Liebe.

– *Geschichtliches.* Die Glaubenserfahrung von Gottes Geist bezeugt das Geheimnis der Mehrdimensionalität Gottes. Es brauchte lange Zeit, ehe man Gott als Geist in die Du-zu-du-Relation des Betens einbezog. Auf der lateinischen Kirche lastet eine lange Periode der „Geistvergessenheit". Heute ist es die Antwort auf die „mystischen" Anfragen der Zeit, daß ein neues christliches Bewußtsein von Gottes Heiligem Geist wächst.

– *Und die Mystik.* Wichtig ist also die Glaubenserfahrung von Gottes Immanenz im Kosmos und im Menschen. Meister Eckharts verurteilte Sätze müssen neue Bedeutung gewinnen. Wichtig ist für das „Beten", daß Gottes Geist kein „Besitz", kein „Ausruhen", sondern „Offenheit" besagt; das „Du" zu ihm ist von völlig anderer

[14] Neuner/Roos, Der Glaube der Kirche in den Urkunden der Lehrverkündigung, Regensburg ⁸1971, Nr. 178.

Gestalt als das zu Jesus. Und wichtig ist die Dimension des Kosmos: In Jesus ist das „Antlitz" der Einheit sichtbar, im Geist aber dessen Kraft wirksam.

c) Gott, der Vater – Ewiges Geheimnis. Der gleiche Gott lebt jenseits des Sagbaren. Angelus Silesius[15]: „Was du von Gott verjahst daselb ist mehr verlogen // als wahr: weil du Ihn nur nach dem Geschöpf erwogen." Aber ebenso jenseits des Erfahrbaren. Damit wird auch der Bereich der Erfahrung gesprengt (im Gegensatz zur „Neo-Mystik", die Gott in der Erfahrung „greifen" will). Bernhard von Clairvaux[16]: „So hoch auch dein Geist steigt, Er (Gott) ist höher." Augustinus[17]: „Wenn du begreifst, ist es nicht Gott. Wenn du begreifen konntest, hast du etwas anderes anstelle Gottes begriffen. Wenn es auch nur ein Schimmer von Begreifen war, hat dich dein Denken getäuscht." Die „negative Mystik" ist wichtiger noch als die „negative Theologie".

– Geschichtliches. Von der frühen Theologie wurde dieses Geheimnis in Opposition zum aristotelischen Rationalismus des Arius reflektiert. Die Formulierung, die 1215 das IV. Konzil im Lateran dafür fand, ist in ihrer Dynamik auch erfahrungs-theoretisch von Bedeutung: „Von Schöpfer und Geschöpf kann keine Ähnlichkeit ausgesagt werden, ohne daß sie eine größere Unähnlichkeit zwischen beiden einschlösse."[18]

– ... und die Mystik. Die Versuchung aller Mystik ist die Auflösung des Geheimnisses. So klingt es bei dem Esoteriker Johannes Zeisel: „Entschleierte Mystik"[19], so aber auch bei Enomyia-Lassalle[20]: „Hier tritt der Glaube ins Schauen ein. In diesem Schauen, das ja auch ein Grundanliegen des neuen Bewußtseins ist, vergeht jeder Zweifel, denn hier schaut die Seele durch ihre Tiefe das umfassende Sein."

[15] A. Silesius, Cherubinischer Wandersmann, Stuttgart 1984, V 124.
[16] Bernhard von Clairvaux, De consideratione V, 7, 16.
[17] Augustinus, Sermo 52, 16.
[18] Neuner/Roos, aaO., Nr. 280.
[19] Vgl. J. Zeisel, Entschleierte Mystik, Freiburg 1984.
[20] H. Enomyia-Lassalle, zit. nach: K. Walf, Stille Fluchten. Zur Veränderung des religiösen Bewußtseins, München 1983, 31 ff.

Kardinal de Lubac[21] zitiert dazu aus Augustinus: „Wenn man Ihn fern glaubt, wird er geschaut, wenn man Ihn gegenwärtig glaubt, wird er nicht geschaut", und erläutert: „Ist die Mystik eine Intuition Gottes? Ja – aber nur eine nächtige. Denn man finde Ihn nur, wenn man Ihn ständig sucht. Gott bleibt nach Gregor von Nyssa stets der ‚Zu-Suchende‘."

4. Mystik im Mysterium – Gottes Dreieinigkeit

Nach langem Warten erhielten der Missionar Abbé Jules Monchanin (Société des Auxiliaires des Missions, † 1957) und der Benediktiner Henry Le Saux (†1973) die Erlaubnis, in Indien einen kontemplativen Ashram zu gründen. Sie wollten als „Die Eremiten von Saccidananda"[22] (später Shantivanam) im Herzen der kontemplativen Überlieferung Indiens christliches Mönchtum leben. Abbé Monchanin wurde durch seine Erfahrungen immer skeptischer, ob ein Zusammenwachsen der Traditionen möglich sei. Am 4.10.1956 schrieb er: „Kurz etwas über christlichen Yoga, wie er augenblicklich schlecht und verstellt ins Gespräch kommt. Man hält sich an die Schale und verwirft den Kern. Man tauft mit Worten, benetzt aber nur eine abgestorbene Haut." Am 18.2.1957 präzisiert er: „Yoga in seiner tiefsten Form ist mit dem Christentum unvereinbar. Im Herzen des strengen Yoga gibt es keinen Platz für die Gnade und konsequenterweise nicht für Gott. Es ist ein Narzißmus ohne Narziß."

Aber in einem war man sich einig: Das Geheimnis des Dreifaltigen Gottes gibt den Schlüssel zum Gespräch. So schrieb Le Saux[23] sein

---

[21] H. de Lubac, aaO., von dort auch die vorangegangenen Zitate.
[22] H. Le Saux., Die Eremiten von Saccidananda, Ein Versuch zur christlichen Integration der monastischen Überlieferung Indiens, Salzburg 1962; J. Monchanin, Mystique de l'inde, mystère chrétien, Paris 1974; vgl. B. Bäumer in: Große Mystiker aaO. 338–354; Sammelband, L'Abbe Jules Monchanin, Paris 1960; J. G. Weber, In Quest of the Absolute, The Life and Works of Jules Monchanin, Kalamazoo, 1977.
[23] H. Le Saux, Indische Weisheit- Christliche Mystik, Von der Vendanta zur Dreifaltigkeit, Luzern, 1968.

Buch: „Indische Weisheit – Christliche Mystik. Von der Vedanta zur Dreifaltigkeit."

a) Ikonographisches Tasten. Die Bildtheologie läßt Gefahr und Chance dieses Gesprächs erahnen. Monchanin[24] zeigt es in einer schmalen Schrift: „Von der Ästhetik zur Mystik".
In der Frühzeit wurde Dreieinigkeit nur im Symbol dargestellt: Die Drei-Männer bei Abraham, nach Gen 18, vielleicht schon um 435 in S. Maria Maggiore. Als man aber „direkter" die Dreiheit in der Einheit abzubilden versuchte, entstand das Monstrum des „Tricephalos" (die Darstellung eines „dreigesichtigen Kopfes" – ein Kopf, drei Nasen und Münder, vier Augen). Auch die Darstellung der Dreifaltigkeit als drei gleiche Personen[25] wurde von der Kirche desavouiert. Man empfand es als Auflösung des Geheimnisses.

b) Trinitarische Spiritualität. Die Offenbarung aber löst das Geheimnis nicht auf, sondern vertieft es. Die christliche Erfahrung des Dreifaltigen Gottes ist von der jüdischen und islamischen Erfahrung des Einen Gottes diesbezüglich nicht unterschieden, sondern verdichtet das bleibenden Geheimnis Gottes.

– *Dreifaltigkeit der Gotteserfahrung.* Die überraschende Vielfalt christlicher Mystik hat ihren letzten Grund nicht allein in der Unterschiedenheit der Mystiker, sondern in der inneren Seinsfülle Gottes. Daher sollte mystische Erfahrung inner- und außerhalb des Christentums nie eindimensional befragt werden (z. B. nach dem Personalen der Gotteserfahrung fragend); der Horizont muß weiter sein: Findet diese Mystik in dem Raum Platz, der mit dem dreifaltigen Gott vorgegeben ist? In ihm aber gibt es viele Möglichkeiten.

– *Der geheimnisvolle Gott.* Gott ohne Geheimnis, der rational oder intuitiv oder sonstwie umgriffen wird, ist ein falscher Gott.

[24] J. Monchanin, De l'estétique à la mystique, Tournai 1955.
[25] F. Boespflug, Dieu dans l'art, Sollicitudini Nostrae de Benoit XIV (1745) et l'affaire Crescence de Kaufbeuren, préface de André Chastel, Postface de Leonid Ouspensky, Paris 1984.

Aber auch wo das Geheimnis Gottes aus dem Dreiklang des dreifaltigen Lebens herausgelöst wird als „nur-Verborgen", wird dem Menschen das „Mitklingen", der Zugang zum Geheimnis versperrt: Ein Gott ohne Berührungsmöglichkeit – weder intellektuell, noch erfahrungsmässig, noch intuitiv, noch sonstwie – ist so gut wie kein Gott.

– *Der ansprechbare Gott.* Durch Jesus und sein Gebet sind wir gewiß, Gott ansprechen zu dürfen. Vor diesem Geheimnis muß jede „Einheits-Erfahrung" stehenbleiben. Gott realisiert in sich das Höchste, was unser Menschsein ausmacht: Freiheit, die sich in Liebe dem anderen zuwendet und die daher angesprochen werden darf. Dies ist gewiß in Jesus Christus.

Wer aber die „Ansprechbarkeit" Gottes aus dem trinitarischen Bezug (Geheimnis und Innerlichkeit) herauslöst, macht Gott zu einem Kumpel oder gar zu etwas „magisch" Manipulierbarem. In der Ansprechbarkeit Gottes wird auch Gottes Engagement für diese Welt und damit unser Engagement mitvollzogen. Die Befreiungstheologie beruht darauf.

– *Der innerliche Gott.* Hier liegt der wichtigste mystische Auftrag für die heutige Spiritualität. Und hier wird deutlich, wie wichtig der trinitarische Raum für das Gespräch mit der fernöstlichen Mystik ist. „Innerlichkeitserfahrung", die sich auf Gottes Geheimnis oder auf seine Ansprechbarkeit hin öffnet, reicht ins Christentum hinein. Wo diese Offenheit erscheint, kann und muß die christliche Praxis von der östlichen meditativen Religiosität lernen. Meister Eckhart, Johannes am Kreuz, Dionysios usw. bahnen wichtige Wege. Die Fehlformen des „Sich-Verschließens", „In-Sich-Ruhens" kehren den Gottesbezug um in sein, wie Franz von Sales[26] schreibt, „dämonisches" Zerrbild.

c) *Der lebendige Gott.* Der Mensch ist unauflösbar eingeflochten in das Geheimnis Gottes. Daher ist die Beschäftigung mit Gott stets auch eine mit dem Menschen. Man muß den Satz der deutschen

---

[26] Vgl. J. Sudbrack, Komm in den Garten meiner Seele, aaO., 93, 97.

Existenz-Theologie (R. Bultmann, aber auch Karl Barth), daß Reden von Gott immer Reden vom Menschen ist, umkehren: Man kann nicht vom Menschen reden, ohne von Gott zu sprechen.

So steht man vor dem Geheimnis christlicher Mystik. Die Ostkirche, die „die Ehescheidung zwischen Theologie und Mystik" (F. Vandenbroucke) nicht vollzog, bezeugt diese Einheit von Denken und Vollzug. Vladimir Lossky[27] schreibt: „Das Denken muß ohne Unterlaß in Bewegung sein, muß bald zum Einen, bald zu den dreien laufen und wieder zur Einheit zurückkehren, um zur Schau der erhabenen Ruhe dieser dreifaltigen Monas zu gelangen. Die Gottheit ist weder eins noch vielfältig; ihre Vollkommenheit übersteigt die Vielfalt und drückt sich in der Dreifaltigkeit aus. Das Mysterium erschließt sich nur dem Nicht-Wissen. Weil dieses Nicht-Wissen aber auch ‚liebendes Nichtwissen' ist, steigt es zuweilen zu den Begriffen hinab, um sie umzuformen und diese Ausdrucksformen menschlicher Weisheit zu Werkzeugen der Weisheit Gottes zu machen."

Die Ruhe des Mystikers in Gott ist kein Stillstand in der Vollkommenheit, sondern Leben im Heiligen Geist: „Der ostkirchliche Apophatismus (Schweigen, statt Diskussion der Unterscheidungen) legt Zeugnis ab vom Heiligen Geist, der göttlichen Person, die stets unerkannt bleibt, die aber alles, was von Gott erfahren und erkannt wird, offenbart und die die Realität jedes geistlichen Lebens ausmacht. Sie durchdringt jedes geistliche Leben, dasjenige, was der heilige Isaak ‚Erspüren des ewigen Lebens' nannte."[28]

In der lateinischen Kirche fiel diese mystische Tradition dem begrifflichen Denken zum Opfer. Doch erst aus diesem Geheimnis des Dreifaltigen Gottes erhält die Erfahrung von Gott, dem ewigen Geheimnis, dem ansprechbaren Du und dem Grund des eigenen Herzens, ihre volle Legitimität.

Lossky schreibt dazu: „Für die orthodoxe Kirche ist die Dreifaltigkeit das unerschütterliche Fundament alles religiösen Denkens,

---

[27] V. Lossky, Die mystische Theologie der morgenländischen Kirche, Graz 1961, 60–61. 65. 85.
[28] P. Evdokimov, La connaissance de Dieu selon la Tradition Orientale, Paris, 1967, 138.

aller Frömmigkeit, allen geistlichen Lebens, aller mystischen Erfahrung. Die Dreifaltigkeit sucht, wer nach Sinn und Ziel der menschlichen Existenz fragt. Sie drängt sich unserem religiösen Bewußtsein als erste Offenbarung und als Quelle aller übrigen und allen Seins auf.«

VII. Die „kleine" Mystik und der Weg zu Gott

Die Schlußfrage, was dies für die „normalen" Menschen und „normalen" Christen bedeute, ist vielschichtig. Gibt es einen Weg zur Gotteserfahrung oder ist nicht dem Christen „das Stufendenken überhaupt fremd", wie Heiko A. Oberman[1] zur Mystik Martin Luthers schreibt? Mystik ist doch reine Gnade, jenseits vom menschlichen Wollen. Und dem widerspricht das Methodische. Liebesmethodik wäre Perversion von Liebe. Um Liebe aber geht es bei der Frage nach dem Weg zu Gott.

1. Die Berufung zur Mystik

Damit hängt zusammen, was zu Beginn des Jahrhunderts lange und heiß diskutiert wurde: Ob jeder Christ von Gott zur mystischen Erfahrung berufen oder ob diese Erfahrung eine besondere Gnade Gottes sei?

a) Berufung und Gnade. Und es hängt mit der Frage zusammen, was eigentlich menschliche Vollendung sei: eine Art mystischer Erfahrung oder Bewußtseinserweiterung, in alter Terminologie: „eingegossene Beschauung"? Oder liegt sie auf anderer Ebene, auf der Ebene von Ethik und tätiger Liebe?
Der eben eingeführte ältere Fachterminus für Mystik: „eingegossene Beschauung" bedeutet nach dem Lehrbuch A. Tanquereys[2]: „Ein

---

[1.] H. A. Oberman, „Simul gemitus et raptus": Luther und die Mystik; in: I. Asheim, Kirche, Mystik, Heiligung und das Natürliche bei Luther, Göttingen 1967, 23, jetzt in: H. A. Oberman, Die Reformation, Von Wittenberg nach Genf, Göttingen, 1986, 45–89.

[2] A. Tanquerey, Grundriss der aszetischen und mystischen Theologie, Tournai 1931, Nr 1386.

einfaches, unmittelbares, klares Schauen Gottes und göttlicher Dinge, das der Liebe entspringt und zur Liebe hinstrebt." Als „erworbene Beschauung" kann ein von der Gnade Gottes geführter Mensch dies mit seinen eigenen Kräften erreichen. „Eingegossen" aber heißt sie, wenn sie „unter Einfluß der Gaben des Heiligen Geistes in einer besonderen, uns erfassenden, beistehenden Gnade geschieht und uns mehr passiv als aktiv handeln läßt."

Doch sind das zwei unterschiedliche Erfahrungen? Oder ist nicht die „erworbene" ebenso sehr (nur graduell unterschieden) von der Gnade geschenkt wie die „eingegossene"?

b) Mystik als Begegnung. Diese Diskussion fand offensichtlich mit unpassendem Begriffsmaterial und auf einer falscher Ebene statt. Alois Mager[3] hat deshalb mystische Erfahrung von der Liebe her verstanden und die reine „Erfahrungs-Qualität" für sekundär erachtet. Nur so wird man den Zeugnissen christlicher Mystik gerecht. Die Vokabel „Liebe" wird weiterhin des möglichen sentimentalen Beigeschmacks entleert, wenn man das Gemeinte als „personale Begegnung", als Kontakt mit dem innersten Zentrum einer Person beschreibt.

Für Martin Buber ist „alles wirkliche Leben Begegnung", was er nach Michael Theunissen[4] charakterisiert: „In der Begegnung widerfährt mir die fremde Tat in der zwiefachen Bedeutung des Wortes als ein ‚Entgegenkommen‘ des Anderen, als ein Entgegenkommen auch im Sinne von Huld und Geschenk." Das ist kein „Faktum im Sinne einer abgeschlossenen vorliegenden Tatsache", sondern ein „aktuales Ereignis". „Anstatt daß Ich und Du als schon fertig Seiende die Begegnung zustande bringen, müssen sie erst dem reinen Geschehen der Begegnung entspringen."

Mystik als Begegnung mit Gott läßt sich nicht mit statischen, substantiellen Begriffen fassen; sie kann nur analog umrissen werden nach dem Bild einer „Begegnung" zwischen menschlichen

---

[3] A. Mager, nach: E. Salmann, Gnadenerfahrung im Gebet, Zur Theorie der Mystik bei Anselm Stolz und Alois Mager, Dissertation, Münster 1978.
[4] M. Theunissen, Der Andere, Studien zur Sozialontologie der Gegenwart, Berlin 1965, 266. 268f.

Personen. Wo diese humane Basis fehlt oder schwach ist, wird auch die mystische Qualität der Begegnung mit Gott leicht verkannt.

Die rechte Auffassung fordert dynamische Begriffe. Begegnung mit Gott kann sich mehr oder weniger tief verwirklichen. Eine strukturell gleiche „Erfahrung" intensiviert sich zu der Stärke, die „große Mystik" heißen mag, findet sich aber überall, wo Glaube an Gott und liebende Hinwendung zu ihm existieren, was „kleine Mystik" genannt werden darf.

Mystik als Begegnung mit Gott umfaßt auch Dunkelheit und Nicht-Erfahrung, die in der christlichen Mystik bis zu Leid und Abwesenheitserleben eine wichtige Rolle spielen. Sie dürfen sogar als Kriterium für Mystik gelten, daß Gott und nicht nur das Selbst berührt wird. Die „Offenheit" der Erfahrung – man kann Gott nicht „umschließen" – findet in einer solchen „negativen Spiritualität" ihre eigentliche Gestalt.

c) Mitte des Menschlichen. Gleich mit welchem Begriffssystem man es darstellt – in Karl Rahners Transzendental-Theologie oder im dialogischen Ansatz –, die Frage, ob jeder Mensch oder nur einzelne „Bevorzugte" zur Mystik berufen seien, erweist sich als falsch gestellt. Mystik als Begegnung stellt ein inneres Moment jedes lebendigen Gottes-Glaubens dar.

Mystik als Begegnung läßt Mystik aus der Mitte des Menschen erwachsen und erlaubt, die verschiedenen mystischen Erfahrungen – intellektuell oder willentlich, abstrakt-geistig oder konkret-körperlich, vermeintlich-bildlos oder geschaut und gehört, ekstatisch oder alltäglich – mit einem Wort Mystik zu umfassen, ohne das Phänomen zu zerstören.

Auch die Frage, inwieweit Mystik Leistung des Menschen (erworbene Beschauung) oder Geschenk von Gott (eingegossene Beschauung) sei, wird in der Begegnungs-Phänomenologie Martin Bubers gegenstandslos; denn personale Begegnung ist immer sowohl Geschenk wie Realisation der eigenen Freiheit. Liebende erfahren ihre Liebe ebenso als Gabe wie als Tat aus der eigenen, freien Mitte. Begegnung läßt auch das „Dynamische" in der Gottesmystik sichtbar werden.

2. Der Weg zur Mystik

Kein religiöser Entwurf aber kommt aus ohne die Beschreibung des Weges zu Gott.

a) Von der Stufenabfolge zur Entscheidung. Stufen der „Begegnung" und „Mystik" lassen sich aber in kein festgefügtes Schema pressen. Eine Grundeinsicht lautet: Je weiter entfernt ein Vorgang von der freien Mitte des Menschen ist, desto leichter läßt er sich als Stufenfolge beschreiben; je näher er aber dem Entscheidungszentrum kommt, desto inadäquater wird die stufenhafte Formalisierung.

– *Das Somatische.* Am leichtesten läßt sich ein Entwicklungsfortschritt im Körperlichen feststellen, in Techniken von Körperhaltungen und Atmen, von Musik und Bild. Die christliche Tradition legt auf diese Elemente wenig Gewicht, weil sie zur Transzendenz hinschaut. Die Einheit des Menschen in Leib und Seele, in Körper und Geist fordert heute aber mehr Aufmerksamkeit für das Somatische. Die Gefahr besteht darin, Somatisches mit dem eigentlich Mystischen gleichzusetzen. „Mystische Begleiterscheinung" spielen sich meist auf dieser Ebene ab.

– *Das Psychische.* Kaum vom „Somatischen" zu trennen ist die Ebene des psychischen Fortschritts. Hierzu bringt die christliche Überlieferung überraschend moderne Hinweise. Die sogenannte „Acht-Laster-Lehre" des Evagrios Pontikos[5] ist die Negativ-Folie eines „psychisch-dynamischen" Weges. Was er „Akedia", das Laster des „Überdrusses, das Gefühl von Leere und Langeweile, das dumpfe Brüten und die Unfähigkeit zur Sammlung" nennt, könnte aus dem Lehrbuch eines heutigen Psychologen stammen. Die christliche Spiritualität kann hier von östlichen Methoden wie von modernen Praktiken lernen. In seiner Darstellung des autogenen Training dokumentiert z. B. I. H. Schultz[6], der Begründer

[5] Vgl. G. Bunge, Akedia, Die geistliche Lehre des Evagrios Pontikos vom Überdruß, Köln 1983.

dieser meditativen Methode, wie verwandt rein-psychische Erfahrungen zur Gottesmystik sind.

Im konkreten Fall steht dem Beobachter oftmals kein eindeutiger Beurteilungsmaßstab zur Verfügung, ob die Erfahrung eines Menschen nur „psychisch" ist oder schon „mystisch" und sich zur Mystik öffnend. Theoretisch steht ein Doppeltes fest: Die enge Verwandtschaft von beidem und der Wesensunterschied; im Stichwort „Offenheit" wird es greifbar.

– *Das Mystische.* Die Situierung von Mystik in Begegnungserfahrung führt wie von selbst zur „Gottes-Mystik".

Paul Mommaers[7] benutzt entsprechende Unterscheidungskriterien. Das Erfahrungs-Beispiel für „Naturmystik" liefert Eugen Ionesco, der einmal die Welt in Licht-Gestalt, in Gewißheit erfuhr, aber dann „fiel", das Offen-Werden verspielte und bedauerte: „Ich darf sagen, daß ich seitdem auf den Himmel verzichtet habe. Ich habe mich immer tiefer ins Leben hineingestürzt: lüstern, gefräßig. All diese Begierden, die befriedigt werden wollen, sind wie Dinge, die das, was ich eines Tages verloren habe, ersetzen sollen."

Als Beispiel für Selbst-Mystik bringt Mommaers einen Text von Marcel Proust: „Ein unerhörtes Glücksgefühl, das ganz für sich allein bestand und dessen Grund mir unbekannt blieb. Mit einem Schlag waren mir die Wechselfälle des Lebens gleichgültig. Ich hatte aufgehört, mich mittelmäßig, zufallsbedingt, sterblich zu fühlen."

Die Zeugnisse zur Gottesmystik berichten ähnlich von „Einheit" und „Gewißheit", lassen aber das „Menschliche" nicht untergehen im Rausch der Verschmelzung, nicht aufsteigen zum Titanischen. Hier kommen die Qualitäten von Liebe, Entscheidung, Hingabe, Zuneigung, Geschenk ins Spiel; hier geht es nicht mehr um Leisten, um Manipulieren, hier steht in der Mitte ein Empfangen. Das „Methodische" ist grundsätzlich überschritten: „Mir kam es vor, als ob ich in die schwindelerregenden Tiefen eines Abgrundes hinabstieg, wo ich den Eindruck hatte, von einem unbegrenzten

---

[6] I.H. Schultz, Das Autogene Training, Konzentrative Selbstentspannung, Versuch einer klinisch-praktischen Darstellung, Berlin [13]1979.
[7] D. Mommaers, Mystik, Frankfurt 1979, 34–44.

Raum umgeben zu sein. Dann spürte ich die Gegenwart der heiligen Dreifaltigkeit. Ich wurde mir meines eigenen Nichtseins bewußt. Ich verstand dies besser denn je zuvor und diese Erkenntnis war sehr süß. Die göttliche Unendlichkeit, worin ich versenkt war, und die mich erfüllte, war aus derselben Süße. Ich spürte, wie Sein Blick voller Zartheit und Zuneigung auf mir ruhte, und daß Er mir freundlich zulächelte. Ich schien in Gott versenkt zu sein."

Wiederum gibt es keine eindeutige Kriteriologie; die Erfahrungen durchdringen einander. An den Endpolen aber wird es deutlich: Wo das „Mystische" von Methoden oder Aufstiegsschemata umgriffen wird, ist die Qualität des „Göttlichen" ausgeschaltet und das Mystische zum Psychisch-Somatischen abgewertet worden. Wo aber – auch in sogenannter Selbst- oder Natur-Mystik – das Geschenk- und Gnaden-hafte, das Unumgreifbare, das „Ankommende", das „Offene" aufscheinen, leuchtet Gottes-Mystik, leuchtet Du-Erfahrung auf.

– *Ergänzendes.* In der technisch-wissenschaftlichen Kultur des „Westens" stehen „Methoden" und „Stufen" stärker im Bann des Rationalen als im ganzheitlichen, organischen Denken des „Ostens". Daher ist auch im konkreten Vollzug die Grenzziehung zwischen einer „Natur"- und „Selbst"-Mystik, die sich dem Geschenk das „Ankommenden" verschließt, und der nur als Geschenk zu erfahrenden „Gottes-"Mystik in der westlichen Kultur schärfer. Eine gnostische Sprachgebung kann auf dem Hintergrund östlicher Kultur offen für die Mystik des wahren Gottes sein, während sie auf dem Hintergrund westlicher Kultur typisches Leistenwollen bezeugt.

Die Dreistufung: Somatisch-Psychisch-Mystisch hat auch je nach Alter des Menschen verschiedenes Gewicht. Das Realisieren der Einheit der drei Ebenen fällt dem kindlichen Menschen leichter als dem erwachsenen; damit wird die somatische Sichtbarkeit der Marien-Mystik der Kinder von Lourdes bis Medjugorje verständlich.

Ähnliches läßt sich auch am Erleben von Männern und Frauen aufzeigen und einsehen, daß zur gleichen Zeit, als sich in den mittelalterlichen Nonnenklöstern sehr konkrete mystische Visionen und Erfahrungen finden, Meister Eckhart und andere Männer eine bildlose Mystik verkündeten.

b) Zur Unterscheidung: Das Paradigma der Liebe. Ebensowenig und ebensosehr wie Liebe oder Begegnung in rationale Begrifflichkeit aufgelöst werden können, ebenso und noch mehr übersteigt die Gottesmystik logische Unterscheidungen.

– *Bereitung und Entscheidung.* In der Begegnung zweier Menschen kann man nicht aufteilen: dort die Aktivität und hier das Bereitstehen wie eine offene Schale. Je tiefer die Begegnung, desto deutlicher sind beide zugleich aktiv wie passiv.

In Begegnungen wie in der Mystik durchdringen sich Bereitung und Entscheidung. Der Beitrag des Menschen von unten und das Geschenk Gottes von oben sind eng verzahnt. Begegnung braucht Vorbereitung, braucht die kleinen Zeichen der Zuneigung. Zugleich aber ist der Kern der Begegnung von keiner Vorbereitung und keiner Steuerung in den Griff zu bekommen. Er ruht in der Freiheit der Partner, in der freien Entscheidung füreinander.

Entsprechendes geschieht zwischen Gott und Mensch und hat seinen Höhepunkt in der Mystik. Gottes Wirken läßt das Tun des Menschen nicht ersterben, sondern ruft den Menschen in seine Freiheit. Aber Gott ist nicht irgendjemand, der dem Menschen begegnet, sondern der Allmächtige und Umfassende, der alles, was geschieht, in seiner Hand hat, ohne daß dadurch die Freiheit des Menschen angetastet wird. Das hier aufscheinende Paradox (Allmacht-Freiheit) ist das Paradox von Gott und Mensch, das in der Mystik seinen Gipfel hat.

Auch wenn Gott ohne Vorbereitung den Menschen regelrecht überfällt, ihn „heimsucht", wie ein schönes Wort sagt, widerspricht es dem nicht, sondern stellt den Mystiker in seine eigene Freiheit hinein.

– *Vom Seelenführer zum geistlichen Begleiter.* Ein Weiteres ist kurz zu erwähnen: der Mystiker und sein Seelenführer. In der christlichen Tradition finden sich viele Mystiker, die ohne den für fast alle anderen Überlieferungen typischen und unabdingbaren Seelenführer, Guru, Roshi, Pir usw., den Weg zu Gott fanden; oder sogar – wie Johannes vom Kreuz schreibt – sich von ihm losmachten, um Gott zu finden[8].

Dies ist ein weiterer Beleg für die mystische Grundstruktur: Je näher die Erfahrung dem Herz des Mystischen kommt, desto mehr wird die Person zur freien Entscheidung herausgefordert. Der Seelenführer kann nur noch „Begleiter" sein, nicht mehr belehren; sein Hören und Sprechen bekommen aber in der Religion des Wortes eine neue und wichtige Funktion.

3. Nacht und Kreuz

Christliche Mystik ist unüberholbar zwei-polig: der Mystiker und Gott. Diese Spannung begründet den Reichtum an Erfahrungen, der in eindimensionalen mystischen Ausrichtungen (Einheit ohne Polarität, Unterscheidung) verloren geht.

a) Nacht: Nicht-Erfahrung als Höchst-Erfahrung. Diese Spannung wird deutlich in der sogenannten „Nacht-Mystik", einer „erfahrungslosen", dunklen Gottes-„Erfahrung". Dazu schrieb Pater Lassalle[9] noch in den ersten Auflagen seines grundlegenden Zen-Buches und hob damit ein christliches Unterscheidungsmerkmal hervor, daß dies „normalerweise im Zen nicht geschehe", denn es sei „eine passive Reinigung, die ausschließlich durch die Gnade geschieht". In der esoterisch besorgten Ausgabe des gleichen Buches wurde dieser Satz geändert.

– *Die Nacht des Geistes.* Die Nacht-Terminologie erhielt durch Johannes vom Kreuz ihre endgültige Legitimität. Die Erfahrung und deren theologische Hermeneutik sind älter. Die „negative,

[8] Vgl. J. Sudbrack, Geistliche Führung, Zur Frage nach dem Meister, dem geistlichen Begleiter und Gottes Geist, Freiburg 1981.
[9] Dazu J. Sudbrack, Neue Religiosität, Herausforderung für Christen, Mainz ²1987, 223.

apophatische Mystik" des Pseudo-Dionysios bezeugt es. Es gibt in der Mystik ohne Gott keine vollgültige Entsprechung dazu.

Die klassische Form bei Johannes vom Kreuz unterscheidet eine Nacht der Sinne, in der der Mensch die konkrete Welt verläßt und ins Innere der Seele eintritt, und eine Nacht des Geistes, des Überstiegs über sich selbst[10]:

Um hinzukommen zum Schmecken des Alles,
Kümmre dich nicht und schmecke in nichts.
Um hinzukommen zum Wissen des Alles,
Kümmre dich nicht und wisse in nichts.
Um hinzukommen zum Sein des Alles,
Kümmre dich nicht und sei in nichts.
Um hinzukommen zum Was-du-nicht-kostest,
Mußt du hindurch, dort wo du nichts kostest.
Um hinzukommen zum Was-du-nicht-weißt,
Mußt du hindurch, dort wo du nichts weißt.
Um hinzukommen zum Was-du-nicht-hast,
Mußt du hindurch, dort wo du nichts hast.
Um hinzukommen zum Was-du-nicht-bist,
Mußt du hindurch, dort wo du nichts bist.

In der (passiven) Nacht des Geistes erhält diese Erfahrung dramatische Zuspitzung (Johannes vom Kreuz hält Terminologie und auch logische Verknüpfung nicht konsequent durch). Es deutet sich schon an, wenn der Glauben als dunkles Licht beschrieben wird: „Es ist klar, daß der Glaube für die Seele dunkle Nacht ist und ihr gerade dadurch Licht gibt. Und je mehr er sie verdunkelt, um so heller leuchtet ihr sein Licht; denn indem er sie blendet, gibt er ihr Licht. Der Glaube, der eine dunkle und finstere Wolke für die Seele ist – und zugleich Nacht – leuchtet mit seiner Finsternis und spendet der Finsternis der Seele Licht."

Den Gipfel der „Nacht des Geistes" besteigt Johannes im zweiten Buch der „Dunklen Nacht". Gott entzieht der Seele alles und jedes;

---

[10] Übers. v. H. U. v. Balthasar, Herrlichkeit II, Einsiedeln ²1967, 478; Empor zum Karmelberg, Einsiedeln 1964, 67; Dunkle Nacht, Einsiedeln 1961, 174 f. 177; vgl. die zweite Ausgabe mit der Übersetzung von H. U. v. Balthasar.

sie wird ihrer selbst entleert. „Hier erhebt sich sogleich ein Zweifel: Gereicht, was von Gott ausgeht, der Seele zum Heil, zum Gewinn und zur Sicherheit, warum verdunkelt ihr Gott in dieser Nacht Triebe und Vermögen? Die Antwort lautet: In jener Phase dürfen der Seele auch nicht die Betätigungen und Freuden an geistlichen Gütern verbleiben, weil ihre Vermögen und Begierden noch unlauter sind. O geistige Seele, wohlauf! Findest du deine Triebe verdunkelt, deine Neigungen beengt, ausgetrocknet und deine Kräfte unfähig zu irgendeiner inneren Übung, dann quäle dich nicht deswegen, nimm es vielmehr als glückliches Los: denn Gott ist dann am Werk, dich von dir selber zu befreien. Er nimmt dir die Aufgabe aus deinen Händen."

– *Das Anderssein Gottes.* Immer wieder werden solche Erfahrungen pathologisch gedeutet. Für manche Zeugnisse ist dem recht zu geben. Aber der Kern dessen, was Johannes vom Kreuz erfahren hat, wird damit nicht getroffen.
Ähnliche Erfahrungen von Nacht und Gottesferne finden sich überall, wo die mystische Erfahrung zur Gottesmystik wird, wo Gott in seiner Transzendenz erfahren wird. Annemarie Schimmel[11] beschreibt es für den Islam als: „*qabd*, Pressung, das Zusammenpressen der Seele, seine Wohnung in einem Nadelöhr aufschlagen. Es ist Finsternis, die bedrückende Wüste der Einsamkeit, in der der Mystiker Tage, ja Monate seines Lebens verbringen muß. Trotzdem ist *qabd* von einigen führenden Mystikern als höher denn *bast* (,vollkommene Freude und Glücksempfinden') angesehen worden. In *qabd* verschwindet das Ich, und das ist dem erweiterten Selbstbewußtsein vorzuziehen. Im Zustand von *qabd,* der dunklen Nacht der Seele, ist der Mensch völlig auf Gott angewiesen, ohne Spur von sich selbst, selbst ohne Kraft, noch etwas zu wünschen und zu hoffen, und eben aus dieser Dunkelheit kann plötzlich das Licht der Erfahrung der Einheit oder der Vision auftauchen."
In der Erfahrung der Nicht-Erfahrung wird bewußt, daß Gott stets größer und anders ist, als in die Erfahrung eingeht. Sein „Mehr-

---

[11] AaO., 189.

Sein", das Ernst Przywara als „Deus semper maior", „Gott stets größer" thematisierte, wird in der Nicht-Erfahrung der „dunklen Nacht" erlebt. Das Wort „Erfahren" bleibt aber dennoch berechtigt, weil ein Stück Wirklichkeit Gottes ins Bewußtsein tritt: Gott ist stets anders, stets größer!

Daher weist Elisabeth Ott[12] zwar auf die Verwandschaft des Mystischen zum Krankhaften hin; aber: „‚Dunkle Nacht' sprengt den Rahmen wissenschaftlicher Psychologie. ‚Dunkle Nacht' enthält ein Korrektiv zu allem ‚Reduktionismus' unseres wissenschaftlichen Menschenbildes. Versagung, Frustration als ein Nichthaben des Gottesreiches und der Gottesliebe, als ein Leiden am Nichtvollkommensein-wie-der-Vater-im-Himmel kommt in der moderen Psychologie nicht vor."

b) Wirklichkeit des Kreuzes. Im Licht der neutestamentlichen Offenbarung gewinnt die Nacht-Mystik noch tieferen Sinn. D. T. Suzuki[13] zeigt in einem prägnanten Aufsatz den Unterschied zwischen Christentum und Buddhismus: „Immer wenn ich ein Bild des gekreuzigten Christus sehe, muß ich an die tiefe Kluft denken, die zwischen Christentum und Buddhismus liegt. Das persönliche Ich wird im Westen stark betont. Im Osten gibt es kein Ich. Das relative Ich geht still und ohne viel Aufhebens im Leib des tranzendenten Ichs auf. Aus diesem Grunde sehen wir den (sterbenden) Buddha im Nirvana heiter unter dem Sala-Zwillingsbaum liegen. Im Christentum wird die Kreuzigung gebraucht, Leiblichkeit verlangt einen gewaltsamen Tod. Im Buddhismus wird nur die Erleuchtung gebraucht, keine Kreuzigung. In der Erleuchtung finden wir Glückseligkeit und echte Transzendenz. Buddha, im Nirvana, liegt waagerecht wie die Ewigkeit selbst. Christus hängt hilflos, voller Traurigkeit, an dem senkrecht aufragenden Kreuz. Der Buddhismus erklärt, daß es von Anbeginn kein Selbst gibt, das zu kreuzigen wäre."

[12] E. Ott, Die dunkle Nacht der Seele. Depression? Untersuchungen zur geistlichen Dimension der Schwermut, Selbstverlag, 1981; die spätere Auflage im Novalis-Vlg. verminderte mit der Schleifung von Härten die Aussagekraft.
[13] D. T. Suzuki, Kreuzigung und Erleuchtung, zum erstenmal Deutsch in: Der westliche und der östliche Weg, Berlin 1957, 121–129.

Suzuki sieht richtig: Christentum ohne Kreuz wäre kein Christentum! Was er als Diesseits-Ich beschreibt, entspricht der leiblichen Konkretheit, die im Buddhismus meditativ überschritten, im Christentum aber durch den Tod hindurch gerettet wird. Nur weil es „Kreuz" (Nacht) gibt, dürfen wir Auferstehung auch unserer Leiblichkeit hoffen. Im Christentum findet sich daher eine Kreuzesmystik; die Herz-Jesu-Verehrung ist weithin „kleine Mystik" des Kreuzes.

Louis Massignon[14] hat sein Lebenswerk einer nicht-christlichen Kreuzes-Mystik gewidmet:

„Als man Halladsch brachte, um ihn zu kreuzigen, sah er das Holz und die Nägel. Da lachte er so sehr, daß seine Augen tränten. Dann sprach er: ‚Tötet mich, o meine Freunde! / Denn im Tod nur ist mein Leben. / Ja, im Leben ist mir Tod nur, / Und im Sterben liegt mein Leben! / Wahrlich, höchste Gnade ist es, / Selbst verlöschend zu entschweben, / Und als Schlechtestes erkenn ich, / Fest an diesem Leib zu kleben. / Überdrüssig ist die Seele, / Hier noch im Verfall zu leben: / Tötet mich, ja, und verbrennt mich, / Dessen Glieder elend beben!'"

c) *Der gekreuzigte Gott.* Das Zeugnis Al-Halladschs ist nur als eine Ahnung von etwas zu verstehen, was menschliche Vorstellungskraft und auch menschliche Erfahrung übersteigt, ein Geheimnis, das aufbricht ins Geheimnis Gottes hinein.

Jürgen Moltmanns „Der gekreuzigte Gott"[15] brachte es ins Bewußtsein: Gott selbst nimmt im Kreuzestod Jesu Christi den „Schmerz der schuldigen Schöpfung" in sein Innenleben hinein und befreit die Welt von ihrer Schuld-Verhaftung. Person-Sein, Ich-Du-Begegnung müssen nicht aufgegeben werden für die größere Seinseinheit, sondern treten ein in die Vollendung, weil Gott unser Bruder geworden ist. Der Weg dorthin aber führt nur über das Sterben. In subtiler Diskussion hat Hans Urs von Balthasar[16] dies weitergeführt: Er nimmt das Zeugnis vom Kreuzestod des mensch-

[14] A a O., 203; Texte bei Al-Halladsch „O Leute, rettet mich vor Gott", v. A. Schimmel, Freiburg 1985, 102–105.
[15] J. Moltmann, Der gekreuzigte Gott, München 1972.
[16] Besonders in Theodramatik (III u.) IV, Einsiedeln 1986, 148–159.

gewordenen Gottessohnes noch ernster und verlegt das, was Moltmann vom Schmerz Gottes sagt, noch tiefer aus dem menschlichen,
horizontalen Verstehen in das Geheimnis der göttlichen Transzendenz, aus Diesseits in die Hoffnung auf den barmherzigen Gott
hinein.

Wenn der „Schmerz der Welt" in Gott eindringt – richtiger gesagt:
von Gott aufgenommen wird, dann muß auch die Gottes-Mystik
ihn mit sich tragen. Er kann nicht nur – wie in Natur- und Selbst-
Mystik – ein Durchgangs-Erleben („Nacht der Sinne") sein, nach
dem man die endgültige Ruhe und Ausgeglichenheit des Tiefen-
selbst finden darf.

Von der Märtyrer-Theologie der frühen Kirche bis zu den Stigmata
des Franz von Assisi, von der Frauenmystik des Mittelalters mit den
beiden Katharinen von Genua und von Siena, mit Angela de
Foligno und Juliane von Norwich bis zu den Mystikerinnen der
Herz-Jesu-Verehrung fließt der Strom der christlichen Leidensmystik. Heinrich Seuse Denifle[17] zitiert Tauler: „Wenn unversehens
Leiden auf dich fällt, es sei von innen oder von außen, so sprich: ‚Sei
willkommen, mein lieber, einziger, getreuer Freund, hier hätte ich
mich deiner nicht versehen noch deiner gewartet', und neige dich
demütig entgegen. Wisse, Gott sucht dich in allen Dingen."

4. Vermittelte Unmittelbarkeit

Langwierige, oft erbitterte Kontroversen gibt es zur Frage: Dogma
und Erfahrung, Theologie und Glaube; die Modernismus-Kämpfe
waren ein Höhepunkt; heute geht es z. B. um den Dialog zwischen
„Tiefenpsychologie und Exegese" (E. Drewermann). Das Paradigma der Versöhnung könnte die christliche Mystik geben.

a) Theologie der Bilder. Hugo Rahner[18] hat einen, – wie mir scheint
– *den* Ort der Synthese aufgezeigt. Im Gespräch mit der „Neuen

---

[17] H. S. Denifle, Das Geistliche Leben, Deutsche Mystiker des 14. Jhrts., Salzburg
1936; Neubearbeitung durch Albert Auer, 416.
[18] H. Rahner, Griechische Mythen in christlicher Deutung, Basel, (4)²1984,7, VIf;
Symbole der Kirche, Die Ekklesiologie der Väter, Salzburg 1964.

Religiosität" klingt seine Stimme prophetisch. Er zeigte die Rolle von Symbol und Mythos für die christliche Erfahrung wie für die Ausformulierung des christlichen Dogmas und hat dies behutsam – „Dieses Buch ist schüchtern," beginnt er – und mit umfassender Gelehrsamkeit dargestellt.

Seine Argumentation kommt allerdings von der anderen Seite her: Die Übernahme griechischer Mythen und kosmischer Archetypen zerstöre nicht den christlichen Glauben, sondern manifestiere seine wahre Universalität. Mit Origenes schreibt er: „Diese sichtbare Welt enthält einen Unterricht über die unsichtbare Welt, und der irdische Bestand faßt in sich gewisse ‚Gleichnisse der himmlischen Dinge', damit wir von den Dingen, die unten sind, aufsteigen können zu denen, die im Himmel sind. Nach dem Bilde der himmlischen Dinge gab der Schöpfer den irdischen Geschöpfen eine gewisse Ähnlichkeit. Vielleicht hat sogar jedes Irdische so sehr ein Gegenbild und eine Ähnlichkeit im Himmlischen, daß auch noch das Senfkorn, das kleinste unter allen Samenkörnern, sein Bild und seine Ähnlichkeit im Himmel besitzt."

Möglich wird diese Integration durch den Bezug auf Jesus Christus. Hugo Rahner spricht vom „christlichen Humanismus, jene wunderbar kühn ausgreifende Geste des hellenischen Christen, mit der alles zu Christus heimholt, den Wasserquell und die Gestirne, sein Meer und seine schnellen Schiffe, Homer und Platon und die mystischen Zahlen der Pythagoräer. Alles war Vorbereitung, darum dient alles zur Deutung."

Die Ostkirche, deren Theologie stets „mystisch" blieb, hat – nach den Bilderstreitigkeiten – aus der Kraft der Bilder ihre Religiosität und ihr theologisches Denken geschöpft. Die lateinische Kirche hat – nicht erst mit der Reformation – mit der Bildhaftigkeit auch ihre Mystik verloren. Ist das Wiedergewinnen dieser Welt nicht eine oder *die* Aufgabe der Neubesinnung christlicher Mystik?

– *Mystik und Bild.* Aber das scheint einer großen Tradition mystischer Erfahrung zu widersprechen, die eine Mystik „ohne" oder gar „gegen" Bilder zu kennen scheint. Am gewichtigsten ist das Zeugnis des Kirchenlehrers der Mystik Johannes vom Kreuz[19]: „Von all diesen Formen muß es bloß und leer sein, auch trachten, deren Phantasiebilder zu vergessen. Weniger darf es nicht sein. Das Gedächtnis muß sich durchaus aller Bilder entledigen, wenn es sich mit Gott vereinigen will. Dies kann nicht geschehen ohne totale Trennung von allen Formen, die nicht Gott sind; denn Gott fällt unter keinerlei deutliche Form noch Erkenntnis. Da es von Gott kein dem Gedächtnis faßbares Bild gibt, so folgt daraus, daß die Erinnerung in der Vereinigung mit Gott ohne Form und Gestalt verbleibt. Denn diese göttliche Vereinigung entleert die Phantasie, streicht alle Formen und Erkenntnisse aus und erhebt das Gedächtnis in die Übernatur."

Anders denkt die heutige Theologie[20]: „Der Mensch auch und gerade dann, wenn er das Überweltliche, Unwelthafte, Verborgene Gottes beschreiben will, auch wenn er es in der Form der Negation tut, kann auf Bild und Bilder nicht verzichten, weil der Mensch von der Wirklichkeit und vom Geheimnis Gottes nur in Rätseln und Gleichnissen zu sprechen vermag, weil er alles nur durch einen Spiegel sieht. Die Bilder und Gleichnisse, die nicht gleich zu Begriffen abgezogen werden müssen, die Bilder, die ihre Vielfalt bewahren sollen und in ihrem Sinn und Bedeutungsgehalt erhoben werden können, sollen die Höhe und Tiefe des in der Offenbarung erschlossenen Reichtums, sollen die ‚manigfache Weisheit‘ vermitteln." Karl Rahner[21] begründete dies als „die ewige Bedeutung der Menschheit Jesu für unser Gottesverhältnis".

Doch es geht in dieser Frage weniger um Sachdifferenzen als Begriffsunterschiede. Augustinus[22] soll weiterführen: „Wenn sich die Seele nicht über sich selbst hinaus ausgießt, gelangt sie nicht zur Schau Gottes und der Begegnung mit seinem unveränderlichen Sein. Solange sie noch im Fleisch verweilt, gilt ihr: Was ist denn dein Gott? Aber Gott ist in ihrem Inneren – geistlich im Inneren und

[19] Johannes vom Kreuz, Empor den Karmelberg, III 2 4; Einsiedeln 1964.
[20] H. Fries, Entmythologisierung und theologische Wahrheit, in: Gott in Welt, Festschrift Karl Rahner I, Freiburg 1964, 366–391, 383 f.
[21] Zuerst in: Gul 26, 1953, 279–288.
[22] Augustinus, Enarratio in Ps. 130, 12; CCL 40, 1908.

geistlich über sie hinaus. Die Seele kommt nicht zur Begegnung mit ihm, wenn sie sich nicht übersteigt."

Das beschreibt eine Dynamik, einen Vorgang, einen Prozess, macht keine statische Zustandsangabe. Und hier liegt auch die Antwort auf die vor 50 Jahren viel diskutierte Frage: Ob die Mystik über alle Geschöpflichkeit hinaus Gott in sich berührt, oder ob sie „nur" in der geschöpflichen Welt von Bildern, Wahrheiten, im konkreten Menschsein Jesu Gott erfahren kann? Ob der Mensch in Bildlosigkeit Gott begegne oder ob Bilder irgendwelcher Art zwischen Mensch und Gott vermitteln?

Jede Mystik hat es mit Bildern zu tun. Aber sie besteht im ständigen Überschreiten der Bilder, besser gesagt: in deren Öffnung für die geistige Welt, die sich im Bild verleiblicht. Diese Bewegung ist von unterschiedlicher Intensivität, bleibt aber auch in sublimster Geistigkeit eine Bewegung „vom Bild ins Über-Bild".

Die „Bildlosigkeit" des Johannes vom Kreuz warnt vor der Verwechslung von Bild und Wirklichkeit, schärft den aszetischen Weg des Loslassens ein und betont, daß diese Bewegung über die Bilder hinaus nie erstarren darf. Denn das ist eine der Gefahren aller Mystik, diese Dynamik zum Stillstand zu zwingen. Der Stillstand in der Bewegung – auch ein Stehenbleiben in „Bildlosigkeit" – stände vor dem Bild von Gott, aber nicht vor Gott selbst.

– „Gegenstandsloses Ruhen". Von dieser Einsicht aus ist die sogenannte „gegenstandslose Erfahrung" und das geistliche „Ruhen" nochmals zu betrachten. „Die Wolke des Nichtwissens"[23] gilt als Kronzeuge dieser Mystik: „Trachte eifrig danach, daß dein geistiges Werk sich nirgendwo körperlich konkretisiert, dann bist du gewiß im Geiste dort, wo das ist, an dem du willentlich in der Spitze des Geistes wirkst. Obwohl alle deine leiblichen Sinne dort nichts finden können, um sich daran zu weiden, weil sie dein Tun für nichts halten, sollst du dennoch in diesem Nichts weiterwirken, solange du es aus Liebe zu Gott tust. Ich möchte mich lieber leiblich im Nirgend befinden und mit diesem blinden Nichts ringen, als ein

---

[23] Übersetzung W. Riehle, Einsiedeln ²1983, 145 f, 149.

großer Herr sein, daß ich leiblich überall sein könnte. Mag ein Mensch noch so große geistige Einsicht im Erkennen aller geschaffenen geistigen Dinge haben, so kann er doch nie durch das Wirken seines Verstandes zur Erkenntnis der ungeschaffenen geistigen Wesenheit gelangen, die nichts anderes als Gott ist."

Die Worte „gegenständlich-gegenstandslos" sind Produkt des modernen Rationalismus und pressen den Reichtum der Tradition in ein kerkerhaftes Schema: Ist der Geliebte ein Gegenstand? Und Liebe damit „gegenständlich"?

Das Sachproblem kreist um zwei Pole. Alois Mager[24] postulierte mit der Dreiteilung: Leib-Seele-Geist, eine geistige, leibfreie und daher bild- und gegenstandslose Erfahrung: „Mit ihrer Rede von der Geistseele wollen die Mystiker zum Ausdruck bringen, daß das mystische Erleben im rein Geistigen der Seele sich abspielt, daß der Körper und Körperliches, insbesondere die Phantasie, daran unmittelbar nicht beteiligt ist." Sofern Mystik sich im Erkenntnismäßigen äußert, sei sie jene Erkenntnisweise, die der Seele als leibunabhängigem Geist eignet.

Diese Ansicht ist heute zweifelsohne überholt. Es gibt keine Seelenspitze, die über die Leiblichkeit hinausragt.

Der andere Fragepunkt wurde vom „Objekt" her formuliert: Berührt der Mystiker (wenigstens in der Vollendung) Gott „absque alio medio", ohne Vermittlung? Aber auch hier liegt eine rationalistisch-mechanistische Meinung zugrunde, als störe die Vermittlung die Unmittelbarkeit der Begegnung. Das „sonder warumbe" der Deutschen Mystik wurde plump mit „ohne Vermittlung" übersetzt und dabei die subtile Metaphysik Meister Eckharts mit Newtonscher Naturwissenschaft verwechselt. In Wirklichkeit handelt es sich um Erfahrungen, die wohl nur in einer personalen Philosophie ihre rechte Deutung erfahren.

– *Die Analogie personaler Begegnung.* Auch in zwischenmenschlichen Begegnungen spielt sich „vermittelte Unmittelbarkeit" ab. In der Liebe wird der andere unmittelbar, in personaler Freiheit

[24] A. Mager; nach E. Salmann, aaO., 170f.

berührt – sonst wäre es keine Liebe, sondern instrumentalisierter Umgang. Aber Begegnung geschieht nur vermittelt durch-mit-in seiner Leiblichkeit, seinen Gesten, seinem Aussehen, seinen Worten, seiner Nähe. Man meint den anderen in seiner Mitte, „hat" ihn aber nur in seiner konkreten „Leibhaftigkeit". Die Dynamik des Überstiegs zeigt sich darin, daß man ihn niemals wie einen Gegenstand in den Griff bekommt und auch bekommen darf.

Vermittelte Unmittelbarkeit: So und nicht anders ist die Begegnung mit Gott. Vermitteln aber kann und tut auch alles, was Gott geschaffen hat; zuerst und maßgebend der Mensch Jesus Christus. Unmittelbar in der Vermittlung aber begegnet die „kleine" wie die „große Mystik" Gott selbst; anders müßte man ihn in ein Jenseits der Unerkennbarkeit verbannen, wohin kein Gebet und kein Aufblicken je gelangt.

In der „ungegenständlichen Erfahrung" aber ist es die eigene psychosomatische Bewußtseinstiefe, die zu Gott „vermitteln", aber auch gegen Gott abschließen kann.

5. Lehrmeisterin Mystik

Daß der Glaube zur Erfahrung wird, ist die dringendste Forderung für einen modernen Christen. Dafür gibt es aber keine besseren Lehrmeister als das Zeugnis der Menschen, die ihn intensiv erfahren durften.

a) Der Weg. In den Weisheitsgeschichten der christlichen Wüstenväter[25] ist zu lesen: „Ein Vater saß in seinem Kellion und ertrug Versuchungen. Da sah er die Dämonen offensichtlich, aber verachtete sie. Als aber der Teufel sich von dem Greis besiegt sah, kam er selbst, zeigte sich ihm und sprach: ,Ich bin Christus! Warum hast du deine Augen verschlossen?' Der Greis antwortete: ,Ich will hier Christus nicht schauen, sondern in jenem Leben erst.' Als der

[25] Weisung der Väter, eingeleitet und übers. von B. Miller, Freiburg 1965, Nr. 1974, 1076.

Teufel dies hörte, verschwand er." Wer in diesem Leben festhält, hat nicht Gott, sondern sich selbst (oder den Dämon)!

Das ist ein wichtiger Hinweis für den Umgang mit (kleinen und großen) mystischen Erfahrungen. Wissen- und Erfahren-Wollen, jetzt schon Angekommen-Sein, Meister-Sein zerschlägt wahre Mystik ebenso wie Haben- und Festhalten-Wollen Tod der wahren Liebe ist. Auch hinter dem Reden vom Unterwegssein kann sich sublimes Festhalten verbergen. Die christliche Mystik aber ist eindeutig: Nur im radikalen Offensein wird Gott erfahren. Und es gibt kein besseres „Paradigma" für diesen Grundzug mystischer Erfahrung, als daß Gott ein Jemand, ein Du ist – entsprechend wie wir Menschen uns als ich-und-du erfahren dürfen.

Wo dieses Offenstehen die Mitte der Erfahrung bildet, werden auch die Hinwege zu dieser Mitte bedeutsam. Alles, was Gott uns geschenkt hat, kann sich zu ihm öffnen: „Seine unsichtbare Wirklichkeit, seine ewige Macht und Gottheit wird an den Werken der Schöpfung mit Vernunft wahrgenommen." (Röm 1,20) Paulus meint mit Vernunft auch die Erfahrung, das Hingerissenwerden, den meditativen Aufstieg zu Gott.

b) Die Hoffnung. An der Hoffnung wird das „Offenstehen" christlicher Gotteserfahrung besonders deutlich. Justin F. Stone[26] bringt eine andere „zen-buddhistische" Meinung zum Ausdruck. Sein Buch heißt nach Dante's Hölleninschrift: „Abandon Hope". Dies wird positiv gedeutet: „Nur wenn wir die Hoffnung auf die Zukunft aufgeben, können wir das Leben der Gegenwart erfahren. Nur wenn wir die Dinge sehen, wie sie sind, ohne auch nur eine Scherbe von Hoffnung, daß sie anders sein werden, können wir die Wirklichkeit erblicken. Deshalb gib deine Hoffnung auf! Abandon Hope!"

In der Mitte aller Gottesmystik aber bricht Sehnsucht nach Größerem, nach Endgültigerem auf. Denn Gott ist stets „größer" als alles Erreichte. Gregor von Nyssa hält dieses „Je-neu-aufbrechen" sogar

---

[26] Nach J. Sudbrack, Herausgefordert zur Meditation, Christliche Erfahrung im Gespräch mit dem Osten, Freiburg 1977, 68.

für eine himmlische Erfüllung. Teilhard de Chardin[27] schreibt: „Die neohumanistische Mystik des Nach-Vorne (En-Avant) stößt auf die christliche Mystik des Nach-Oben (En-Haut); in diesem offenbaren Konflikt zwischen dem altem Glauben an einen transzendenten Gott und dem jungen ‚Glauben' an ein immanentes Universum hat die moderne religiöse Krise ihren Platz. Jeder Fortschritt des Reiches Gottes hängt im Augenblick von dem Problem der Versöhnung (nicht nur oberflächlich, sondern organisch) der beiden Strömungen ab." Teilhard fand sie in Christus.

c) *Der Durchbruch.* In vielfältiger Gestalt wird der mystische Durchbruch beschrieben. Maximilian Sandäus[28] definiert: „Raptus, mystisches Hinweggerissen-werden ist nicht jeder beliebte Überstieg des Geistes oder jede beliebige Ekstase, während deren der Geist sich besonnen in die Abgeschiedenheit zurückzieht, dort sammelt und die Sinnestätigkeiten ablegt; sondern nur, wenn er gewaltsam, plötzlich und mit Macht von den Sinnestätigkeiten ab- und zur Schau und Liebe der göttlichen Dinge hinaufgezogen wird."

Das entspricht der Tatsache, daß auch die menschliche Entwicklung nicht nur kontinuierlich voranschreitet. Wir erfahren Reifevorgänge oftmals wie einen „Sprung". In den Urreligionen gibt es daher an wichtigen Lebensstufen Initiationsriten, die dem Menschen dabei helfen sollen. Esoterische Kreise greifen dies heute auf.

In der Deutschen Mystik ist mit Durchbruch die Überwindung einer noch an Bildern klebenden Gottesvorstellung zur wirklichen Gottesbegegnung gemeint. Meister Eckhart[29] predigt: „Die höchste Vollendung dieser Kräfte liegt in der obersten Kraft, die da Vernunft heißt. Die kann niemals zur Ruhe kommen. Sie erstrebt Gott nicht, sofern er der Heilige Geist ist und auch nicht sofern er der Sohn ist: sie flieht den Sohn. Sie will auch Gott nicht, sofern er Gott ist. Warum? Weil er da als solcher noch einen Namen hat. Sie

---

[27] Nach Teilhard de Chardin-Lexikon, aaO., Stichwort: Hoffnung.
[28] M. Sandäus, Pro Theologia Mystica Clavis, 1640, Neudruck Heverlee 1963, 310.
[29] Nach S. Quint, aaO., Predigt 49; in der kritischen Ausgabe: Predigt 26, Bd. II 31f. 226.

will etwas Edleres, etwas Besseres als Gott, sofern er noch Namen hat. Was will sie denn? Sie weiß es nicht; sie will ihn, wie er Vater ist. Sie will ihn, wie er ein Mark ist, aus dem die Gutheit entspringt; sie will ihn, wie er eine Wurzel ist, eine Ader, in der die Gutheit entspringt; und dort nur ist er Vater." Meister Eckhart betont, daß damit kein Zustand erreicht ist, sondern eine neues „Weitergehen": Die Vernunft „kann niemals zur Ruhe kommen".

Beide Erfahrungen stehen vor dem Wissen um die souveräne Freiheit Gottes, die gerade im „Durchbruch" lebendig wird. Teresa von Avila[30] beschreibt einen solchen „raptus" in der VI. Wohnung der „Inneren Burg": „Wenn die Seele so entbrannt ist und sich verzehrt, geschieht es oft durch einen flüchtigen Gedanken, daß von irgendwoher – man begreift nicht, woher es kommt oder wie – ein Stoß sie trifft oder etwas wie ein feuriger Pfeil. Man erkennt klar, daß es nicht aus unserer Natur kommen kann. Es verwundet scharf, und zwar nicht dort, wo man gewöhnlich die Schmerzen fühlt, sondern – so scheint es mir – zutiefst im Inneren der Seele. Dahinein schlägt dieser Blitz, der alles, was er Irdisches an unserer Natur findet, geschwind durchzuckt und in Staub verwandelt. Solange dies dauert, ist es nämlich unmöglich, sich an irgend etwas zu erinnern, das unserem eigenen Wesen angehört."

d) Gott in allen Dingen. Ein Zustand gilt – obgleich sehr verschieden benannt – überall als „Gipfel-Ereignis" (nicht unbedingt auch als Gipfel-Erfahrung, Peak-Experience). Hier finden auch beide Erfahrungen, die wir als „große" und als „kleine" Mystik bezeichneten, zusammen.

– *Ignatius von Loyola*[31] spricht von „Gott in allen Dingen suchen/finden". Pater Nadal, beschreibt es als „die Gnade, daß er in allen Dingen, Handlungen und Gesprächen Gottes Gegenwart wahrnahm mit einem feinen Sinn für das Geistliche, ja diese Gegenwart

[30] Übers. F. Vogelgsang, aaO. VI 11.
[31] J. Stierli, Das ignatianische Gebet: „Gott suchen in allen Dingen", in: Ignatius von Loyola, Seine geistliche Gestalt und sein Vermächtnis, Würzburg 1956, 151–182.

schaute und so ‚beschaulich mitten im Tun' (contemplativus in actio) war; er pflegte dies in die Worte zu kleiden: ‚Wir sollen in allen Dingen Gott finden'."

– *Meister Eckhart*[32] wiederholt den gleichen Satz ständig. Schon sein frühes deutsches Werk, die „Reden zur Unterweisung" lebt aus ihm: „Ein solcher Mensch (der nur Gott im Sinne hat) trägt Gott in allen seinen Werken und an allen seinen Stätten. Alle Dinge werden ihm lauter Gott. Der Mensch soll Gott in allen Dingen ergreifen. Er muß lernen, die Dinge zu durchbrechen und seinen Gott darin zu ergreifen. Entweder muß er Gott in den Werken zu ergreifen und zu halten lernen, oder er muß alle Werke lassen. Und darum lernet gern von Gott in allen Dingen und folget ihm, so wird's recht mit euch; denn alle Dinge haben für die innerlichen Menschen eine inwendige göttliche Seinsweise. Der Mensch muß sich daran gewöhnen, in keinen Dingen das Seine zu suchen und zu ergreifen, vielmehr in allen Dingen Gott zu finden und zu erfassen."
Aber sein metaphysischer (und sicher auch der Erfahrungs-) Hintergrund ist anders als bei Ignatius. Die „intellektuelle" Mystik Meister Eckharts lebt aus Gottes alles umfassender Ganzheit: Je mehr der Mensch seine innerste Seinseinheit mit Gott verwirklicht, desto mehr ist er – in Abgeschiedenheit! – Mensch und desto mehr weiß und realisiert er, daß alle Dinge in Gott und aus Gott leben.
Bei Ignatius von Loyola ist der Hintergrund „dialogisch". Im „Prinzip und Fundament" der Exerzitien klingt es noch willentlich: „Der Mensch ist geschaffen, um Gott unseren Herrn, zu loben, ihm Ehrfurcht zu erweisen und zu dienen und mittels dessen seine Seele zu retten; und die übrigen Dinge auf dem Angesicht der Erde sind für den Menschen geschaffen und damit sie ihm bei der Verfolgung des Ziels helfen, zu dem er geschaffen ist." Am Schluß der Exerzitien aber entpuppt sich dies als Liebe, die darin besteht, „daß der Liebende dem Geliebten gibt und mitteilt, was er hat, oder von dem, was er hat oder kann; und genauso umgekehrt der Geliebte."

---

[32] Nach S. Quint, aaO., zusammengezogen aus: 59, 61, 63, 80, 88.

Gott in allen Dingen suchen und finden, heißt jetzt: Wie ein Gott-Verliebter im Garten Gottes leben und arbeiten.

– *Anders und doch zur gleichen Mitte führend* lebt das „Gott in allen Dingen finden" im ostkirchlichen „Herzensgebet". Ein Wiederholungsgebet (im Atemrhythmus oder anders): „Herr Jesus Christus, Sohn Gottes, erbarme dich über mich Sünder", ist die psychosomatische Technik (Vermittlung), die eine Unmittelbarkeit des Vertrauens in Gottes vermitteln soll.

Adalbert de Vogüe[33] zeigt, daß damit das urchristliche Anliegen des „Betet ständig" aufgegriffen ist. „Für den Mönch wie den Christen der ersten Jahrhunderte besteht das einzige Gesetz darin, ohne Unterlaß zu beten. Die kanonischen Horen müssen wie die Pfeiler einer Brücke verstanden werden, die in den Strom der Zeit eingelassen sind. So besteht der Sinn der Horen darin, gleichsam die Infrastruktur eines Gebetes ohne Unterlaß zu bilden. (Für die Mönche) war es üblich, daß die Hände nicht arbeiteten, ohne daß nicht auch der Mund in Bewegung war, d.h. ohne daß nicht mündlich Schrifttexte wiederholt wurden. Dies nannte man meditatio." Das Offizium gab den „Stoff" für das „Betet ständig". Ein Vers, ein Wort, ein Bild blieb im Gedächtnis; man nahm ihn mit in das eigene stille Gebet und dann in die Arbeit, wiederholte ihn ständig, sodaß er die eigene Existenz durchdringen konnte. So schreibt Augustinus: „Man kann sehr gut sogar bei der Handarbeit die Lieder Gottes singen. Wie der rhythmische Gesang des Steuermanns ist die Stimme Gottes eine Tröstung für den, der sich abmüht."

Die Psychologie kennt die beruhigende Wirkung solcher Wiederholungen. Die christliche Polarität von Jesus, dem Erlöser, und mir, dem Sünder, entspricht der Metaphysik Meister Eckharts von Gott, dem Quell des Seins, und dem Menschen, der in „lediger Abgeschiedenheit" Gott empfängt. Diese Spannung pflegt das Offensein, damit das Beten nicht zur Leistung entarte. Eine Grundbefindlichkeit aber wird damit gepflegt, die man in Anleh-

---

[33] A. de Vogüe, Die Bedeutung des Officium Divinum, in: Die Regula Benedicti, Theologisch-spiritueller Kommentar, Hildesheim 1983, 151. 158. 187.

nung an E. H. Eriksons „Urvertrauen", „Urglaube" und „Urgeborgenheit" nennen kann. Das traditionelle „Jesus-Gebet" wird zu Balthasar Staehelins „Psychosomatischer Basistherapie".

– *„Die Annahme seiner selbst"*[34] heißt die entsprechende Haltung bei Romano Guardini: „Wer ich bin, verstehe ich nur in dem, was über mir ist. Nein: in Dem, der mich mir gegeben hat. Und hier kommt uns wohl nahe, was der Heilige Geist bedeutet, von dem gesagt ist, daß Er ‚der Geist der Wahrheit' sei, der ‚einführt in alle Wahrheit'. Aber wie? Nicht durch Wissenschaft, noch durch Philosophie, sondern durch Inwerdung. Er ist ja die Innerlichkeit Gottes. Vielleicht darf man sagen: im Heiligen Geist ist Gott Gott. In Ihm ist Er sich selbst inne, mit sich selbst einig, seiner selbst froh. Dieser Geist kann auch wirken, daß ich meiner inne werde. Er kann machen, daß ich die haarschmale und doch so tief trennende Ferne durchmesse, die zwischen mir und mir-selbst liegt." In seinem Tugendbuch[35] bringt er das gleiche zum Ausdruck: „Die echte Annahme (der Herkunft, des Schicksals, des Schmerzes, der eigenen Existenz) ist nur auf eine Instanz hin möglich, der man trauen kann, und die ist der Lebendige Gott."

Zu sagen bleibt, daß Romano Guardini diese Grundhaltung aus der großen mystischen Tradition des Christentums schöpfte. 1940 schon aktualisiert er sie im Vorwort zur Auswahl-Übersetzung „Ewigkeit im Augenblick" des Jesuitenmystikers Jean-Pierre de Caussade[36], der die ignatianische Mystik des „Gott in allen Dingen Findens" in klassischer Weise ausformulierte.

Große und Kleine Mystik reichen sich die Hand.

[34] R. Guardini, Die Annahme seiner selbst, Würzburg ²1960.
[35] R. Guardini, Tugenden, Mainz 1987, 37–39.
[36] J. P. Caussade, Ewigkeit im Augenblick. Hingabe an die göttliche Vorsehung. Freiburg 1940.

Epilog

Wie von selbst führte die Beschäftigung mit der christlichen Mystik zur Tat. Um dies recht einzuordnen, wäre eine grundlegend neue Beschäftigung mit dem Reichtum christlicher Gotteserfahrung vonnöten.[37]

Aber eine Mystikerin sei angeführt, die über jeden Verdacht blinden Aktivismus erhaben ist. Therese von Lisieux, die sich in die Beschaulichkeit und Abgeschlossenheit eines Karmelklosters hinein berufen wußte, wundert sich über die frömmelnde Höherwertung des stillen Gebets und der reinen Kontemplation und meint dazu lakonisch: „Denselben Arbeiten (wie die geschäftige Martha) unterzog sich ja auch die Muttergottes demütig, wenn sie die Mahlzeiten für die heilige Familie bereitete."[38]

Gottesmystik läßt sich nicht in Schemata einfangen, denn Gott ist stets größer, als was wir von ihm denken und erfahren „O Tiefe des Reichtums, der Weisheit und der Erkenntnis Gottes. Wer hat die Gedanken des Herrn erkannt? Oder wer ist sein Ratgeber gewesen? Wer hat ihm etwas gegeben, so daß Gott ihm etwas zurückgeben müßte? Denn aus ihm und durch ihn und auf ihn hin ist die ganze Schöpfung. Ihm sei Ehre in Ewigkeit! Amen." (Röm 11,33–36)

---

[37] Vgl. das oben zitierte Buch, Große Mystiker, aaO.
[38] Vgl. J. Sudbrack, Beten ist menschlich, Aus der Erfahrung unseres Lebens mit Gott sprechen, Freiburg ²1981, 186–196, 189.

Register

1. Personen und Quellenschriften (außer Bibel)

Ruhbach, G. 34
Rumi, M. D. 60, 106
Russel, B. 75
Ruusbroec, J. v. 101f

Salmann, E. 134, 149
Sandäus, M. 123, 152
Saudreau, A. 76
Scheler, M. 75
Schimmel, A. 74, 105f, 142
Schmidt, A. 40
Schneider, O. 64
Schönberg, A. 75
Scholem, G. 14, 17, 74, 105
Schopenhauer, A. 40f, 43
Schultz, I. H. 134f
Schuon, F. 21
Seyppel, J. 28
Simmel, G. 75
Snela, B. 104
Sohar, Buch 44
Steiner, R. 49, 75
Stierli, J. 153
Stolz, A. 72, 134
Stone, J. F. 151
Sudbrack, J. 28, 34, 58, 92, 94, 130,
    140, 151, 157
Surius, L. 104
Suzuki, D. T. 27, 108, 143f
Swedenborg, E. 75, 79

Takizawa, K. 14
Tanquerey, A. 133
Tauler, J. 21, 145
Teilhard de Chardin 96f, 124f, 152
Teresa v. Avila 9, 21, 33, 37, 46, 58–65,
    70–75, 79, 81, 83, 114f, 126, 153
Therese v. Lisieux 57f, 157
Theunissen, M. 134
Trübner dt. Wörterbuch 40

Ulrich, H. E. 104

Valéry, P. 9
Vandenbroucke, F. 131
Vogelgsang, F. 58, 153
Vogüé, A. de 155

Waldenfels, H. 111
Walf, K. 127
Wallimann, Ehepaar 85
Weber, J. G. 128
Webern, A. 75
Whitman, W. 19, 94f
Weis, C. 85f
Weiss, G. 18
Welte, B. 52
Wittgenstein, L. 22, 44
Wörterbuch d. Religionen 31
Wolke d. Nichtwissens 148

Yudhishithihira 107

Zaehner, R. C. 14, 89f, 107
Zechmeister, M. 114
Zimmermann, H. D. 44, 123
Zimmermann, O. 84
Zeisel, J. 42, 127f

2. Sachregister

Absolutheit 17f, 52, 76
    Materie/Gott 96f
Ankommen (umgreifend) 99, 111,
    114f, 121, 138
Annahme seiner selbst 156
Anthroposophie 75
Archetyp 20, 23, 30, 84, 123, 146
Ashram 128
Audition 48, 72, 79–83
Autogenes Training 136f

161

166